U0935265

发现万有引力

规划最好的一年

Your Best Year Ever

（修订版）

[美] 迈克尔 · 海亚特

著

袁楚怡　高　剑

译

陕西新华出版

太白文艺出版社 · 西安

儒意欣欣文化发展有限公司

出品

迈克尔·海亚特

迈克尔·海亚特，全球知名高效能专家，《纽约时报》《华尔街日报》畅销书作家。

曾任全球知名出版机构托马斯·纳尔逊的董事长兼首席执行官，现为美国知名的领导力开发公司的创始人。已出版畅销作品《规划最好的一年》《向前看：一个行之有效的计划》《平台：从喧闹世界脱颖而出》《深度专注力》等。

他的作品聚焦于目标管理、自我提升、领导力提高，擅长通过实践案例分析问题，提出完整的行动框架，为读者提供专业、高效的个人提升方法论和可行的操作模型。

通过提供权威、高效的规划体系，迈克尔·海亚特影响了全球数百万读者。

本书自初次出版后已售出十几国版权，数十次再版加印，畅销全球，销量超 100 万册，帮助全球数百万目标驱动型人士实现了他们的最大愿景。

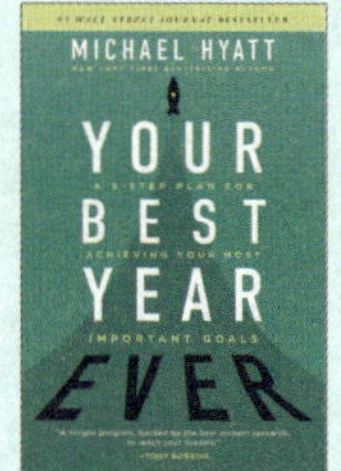

英文原版，2018

英文原版，2023

亚美尼亚语版，2018

法语版，2018

西班牙语版，2018

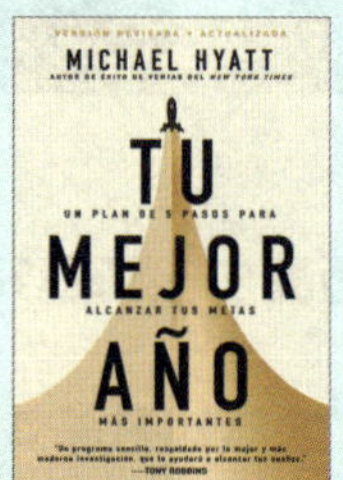

西班牙语版，2023

西班牙语版，2025

俄语版，2018

保加利亚语版，2018

葡萄牙语版，2018

捷克语版，2018

越南语版，2025

繁体中文版，2018

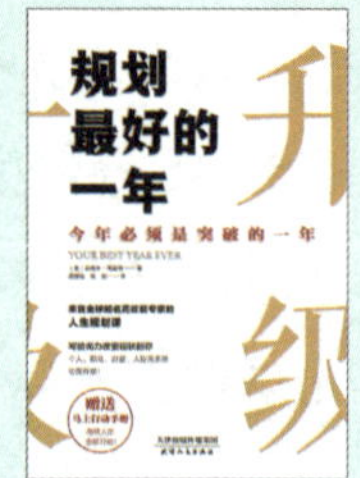

简体中文版，2019

Contents

目 录

最好的还没来

STEP 1 相信可能

STEP 2 总结过去

STEP 3

设计未来

STEP 4

找到动力

STEP 5
付诸实践

跳跃原则

今 年 必 须 是 突 破 的 一 年

最好的还没来
Your Best Is Yet to Come

埃德蒙·希拉里决定，有朝一日，他要登上珠穆朗玛峰。所有人都不相信他真的会这样做。他们为什么要相信呢？希拉里只是新西兰的一个养蜂人，而新西兰与珠穆朗玛峰天各一方。登山只是希拉里的爱好。要攀登世界上最高、最令人生畏的高峰，简直是痴人说梦。更何况，此前已有不少人试图登顶，全部以失败告终，还有很多人在途中丧命，但希拉里仍旧坚持自己的梦想。

1945 年 12 月，希拉里在军队受伤退伍，他开始努力将这个梦想变为现实。他学习高级攀岩和攀冰，掌握了冰镐、绳索、高海拔氧气设备还有其他登顶珠峰所需装备的使用方法。他练习攀登新西兰和欧洲的山峰。终于，在 1951 年，他受邀前往喜马拉雅山，与探险队一同寻找攀登珠穆朗玛峰的路线。

竞争开始了。探险队的其他人也想角逐珠峰首位登顶者的荣誉。探险队由夏尔巴人担任向导，他们一起定下了登顶的最佳路线。队员们熬过了雪崩、冰崩、极寒和缺氧的重重困难。1953 年，他们又进行了一次尝试。5 月 26 日，同一探险队的两名登山者即将登顶，却在距离山顶仅91.4米处以失败告终。

但希拉里不认输。3天后，也就是5月29日，埃德蒙·希拉里成功登顶。他和夏尔巴人丹增·诺尔盖，登上了这座海拔约8,848.8米的山峰。谈到登顶前的最后时刻，希拉里说道："冰镐只需要再凿几下，疲惫至极的双腿只需要再迈几步，我们就到达珠穆朗玛峰之巅了。"如世人所知，希拉里和诺尔盖是世界上最早登上珠峰的两个人。"我们向上爬，"诺尔盖说，"我们就在那里。梦想成真了。"

那你呢？你的梦想是什么？

你是否也有想要攀登的珠穆朗玛峰？你的"珠穆朗玛峰"是开一家新公司吗？还是让身体恢复到正常状态？实现家庭收入翻一番？写一本书？还清债务？花更多时间陪伴家人和朋友？掌握一项有难度的新运动或其他爱好？学习外语去游历异国他乡，或是去探索身边隐藏的精彩？

形形色色的人有着形形色色的梦想。我相信，任何梦想，只要能够激励你，让你的生活向好发展，就值得追求。可能你现在就有正在追求的梦想。但我们都会面临挫折，这是追求梦想的一部分。没有人可以不经历困难和挫折就取得成就。

也许这些挫折存在于你的过去，影响着你的现在。也许你现在正在和一个巨大挫折作斗争。如果是这样，你就会和希瑟·坎普夫产生共鸣。我想我们都会。

被生活绊倒

Tripped Up by Life

希瑟·坎普夫是一名杰出的田径运动员，她的职业生涯战果累累，其中包括三次美国公路锦标赛冠军。但最让人难忘的一次，是她在2008年十大女子室内田径锦标赛600米决赛中意外摔倒后，仍夺取了第一。该600米决赛规定选手要在200米的赛道上跑三圈。在即将开始第三圈也就是最后一圈的时候，希瑟·坎普夫位列第二，她蓄势要夺取第一。但就在瞬间，一切都改变了。

“我正准备超过对手……或许是我在迈出反超的关键一步时没有预留出足够的空间。”坎普夫回忆道，“我感到脚后跟被绊了一下，然后又绊了一下，我就知道我要摔倒了。”坎普夫的确摔倒了，她四肢着地，身体前扑，双腿由于惯性甩到身后，脸结结实实地摔在了红色跑道上。观众倒吸一口气。这一摔使她立刻落后于其他选手，几乎没有希望反超。

在实现目标的过程中，很多人都有过这种感受。一开始，我们斗志昂扬，信心满满，大步向前。但之后要么计划被打乱，要么不了了之。然后大多数人，并不总是，但也经常，开始以失落和懊悔的表情诉说自己遭遇的一次次挫折和失败。

这种挫败感在人们制定新年目标时体现得尤为淋漓尽致。古往今来，人们都喜欢在新年制定目标。几乎每10个人中就有6个人制定过新年目标，这些人里，还有一部分人每年都制定新年目标。但大家都做的事，并不意味着它有效。

你的规划故障系统
A Faulty System

新年伊始，类似“# 计划失败 #”的话题就开始在社交媒体上有了热度。

“我准备去健身房，打包好装备，最后却走进了汉堡店。# 计划失败 #”1 月 3 日，一位女士开玩笑道。

“本来打算给我的双胞胎姐姐买健身服庆祝我们的生日，结果，我们只是吃了一餐，什么也没干。”第二天，另一位女士如是说。

我相信大多数人都有过类似的经历。通常对于自己制定的计划，大家都能坚持几周，能坚持 6 个月以上的人不到一半。难怪一半的人都说，制定计划没有用，而认为制定计划有助于改善生活的人不到四分之一。不同的调查得出的数据结果有所不同，但不变的是，最终的成功都只属于一小部分人。事实上，很多人都因为过去没有如实执行计划，就干脆放弃了制定计划。

大家都是一样的。我们就像刚刚孵化的海龟，下定决心要越过沙滩，回归海洋，然而海鸥却俯冲下来，将我们一只一只叼到天上。

一些行业就是利用我们的半途而废来盈利的。健身房的会员合同以一年为期，因为他们知道大部分顾客最多只能坚持几周。美国全国公共广播电台（NPR）曾报道过，一家连锁健身房在每个地区都拥有 6,500 名会员，但其场地仅能容纳 300 人。健身房就是知道人们的精力有限，会半途而废，对健身失去一开始的热情，才敢吸纳远超其场地容量的会员数量。当你知道有人默认你会放弃，并且从中获利，你是什么感受？

这绝不只是自我调侃的推文和令人沮丧的数据。我们的目标大多反映的是我们内心的渴望和追求，它们是我们立志改变和改善生活的决心。让我们来看一些常见的目标：

- ☐ 减肥，饮食更健康
- ☐ 变得更优秀
- ☐ 多存钱，少花钱
- ☐ 休养身心
- ☐ 多陪陪家人 / 朋友
- ☐ 运动锻炼
- ☐ 学习新技能
- ☐ 减轻压力
- ☐ 多做善事
- ☐ 找到真爱
- ☐ 找到更好的工作

总体来说，我们的目标离不开健康、财富、人际关系和个人发展。本书面向的读者是追求成长的人，并且希望在个人成长、职业、人际关系、智力和精神等多方面取得进步。这一点很重要。

要是如你这样的读者都能充分发挥自己的潜能，世界上就会有更多幸福的婚姻，孩子们夜晚就能有父母陪伴，企业就会有更值得尊敬与学习的领导，而你自己也能拥有追逐梦想所必需的健康身体和充沛精力。通过一次次有意识的选择，你会让自己周围的世界变得更好。

这就是我们需要升级计划的原因。如此重要的梦想不能交由一个存在故障的系统来执行。

计划升级
A Far Better Plan

有人说，保险起见，确保目标能够实现的最好办法就是只设定一到两个目标。但对我而言，这种做法远远不能满足我的追求——可能对你来说也一样。不管你是企业家、经理、律师、销售、设计师、医生、教练，还是父亲或母亲、丈夫或妻子，或是同时扮演其中的几种角色，目标和追求都是生活中最重要的事。所以为什么要让这么多目标搁置呢？我们需要的不是缩减目标数量，而是一个起作用的系统。我们需要的是一个行之有效的方法，来设定并实现我们的目标。

我从事个人成长与职业发展研究已有数十载。在生活和工作中，我一直不断地练习。作为一家市值 2.5 亿美元企业的前 CEO（首席执行官）和一家提供目标实现及训练辅导公司的创始人，我采用的是一套经验证有效的系统，它能够有效防范计划及目标中的大部分陷阱和失误。

本书是我过去所有学习、生活和教学经历的智慧结晶。本书以我过去数十年的实践经验，以及学界对目标实现与人类成就的最前沿研究为基础，旨在帮助读者厘清思路、增强信心，并借助杠杆效应实现最重要的个人目标及职业目标。

今年必须是突破之年
Your Breakthrough Year

希瑟·坎普夫摔倒在地的时候，她本可以就此放弃。她可以名正言顺地放弃，接受每个人的心中所想——她的比赛到此为止了。“仿佛周围的能量都被吸尘器吸走了。”坎普夫回忆她倒下的那一刻。一位解说员甚至已经开始帮助缓和气氛：“坎普夫的一名队友已经占据领先地位，即使坎普夫最后一个到达终点也并无大碍。”

然而，坎普夫没有这样做。

“我摔倒后的一瞬间首先看见的，就是自己的手撑在跑道上，准备重新起跑。”坎普夫说。她立即从地上弹起来，开始追赶对手。观众为她欢呼。“我开始加速时，听到嘈杂激动的呼喊声越来越大。”坎普夫回忆道。坎普夫超越了一位选手，接着又超越了一位，最后，她超越了自己的队友，夺得了第一。全场观众和解说员都为之震撼。

坎普夫的故事有力地说明了当我们坚持不懈时会发生什么。你可能稍稍落后于他人，也可能名列末位，不知道该如何收复失地并最终实现目标。收起这种想法吧！现在你应该考虑的是，对你而言，真正的突破之年应该是什么样的。假设现在是 12 个月后，你已经实现了生活中所有领域（稍后将详细介绍）的最高目标。

想想你的健康状况。身体达到有生以来的最佳状态，感觉如何？有精力和自己的孩子玩上几个小时，或是追求自己的爱好，而丝毫不感到疲惫，感觉如何？

你结婚了吗？当你和伴侣的关系迎来升华，你迫不及待要和对方共度时光，是一种怎样的感受？想象一下，你的生活充满乐趣和友谊，你能够与朋友分享你当前的头等大事和最重要的目标，朋友能够为你提供梦寐以求的鼓励和支持。

想想你的财务状况。没有债务，月底还有余额，感觉如何？想象你有足够的财力支付日常开销，应对意外和投资未来。想象丰厚的存款会带来怎样的安全感，为家人提供他们想拥有的、应该拥有的生活，会带来怎样的满足感。

想想你的精神状态。想象你能够持续感知生活中的超凡事物，持续感受到与更远大的志向以及更广阔的天地之间的联系。想象你每天醒来时心怀感恩，入睡时心满意足，能够以来自灵魂最深处的平静面对生活中的跌宕起伏，感觉如何？

有些人或许不愿意想象这些可能性。人生混乱无常，不抱期待是我们为最坏的情况做好准备的一种方法。但我认为这其中还有更深层的原因。每个人都有很多不能得偿所愿的经历。可能我们设立了远大的目标，却没有实现，又或者我们制定了计划，事态却没有按照预期发展。生活总让人捉摸不透，对此我们都深有体会。失望变成了挫败、愤怒、悲伤，最后发展成愤世嫉俗。

你现在可能已经感受到这个过程的开端了。

我明白你的感受，这些心态是完全正常的，甚至是必要的。“为什么我们需要从失败中学习，原因很简单。”北卡罗来纳大学教授布拉德利·斯塔茨说，“学习要求我们尝试新事物，而有时候新事物不会按照我们的预期发展。”但好消息是，“在失败中学习是充满力量的，就像口感丰富的鸡尾酒，它将新的观点、新的信息，还有勇于尝试的动力进行混合实验”。但前提是你要打开你的思维。

接下来请紧跟我的思路。无论你有过什么好的或是不好的经历，即使是在你曾经深深受挫的领域，今年都绝对有可能成为你最有意义的一年。接下来我将说明具体做法。这本书就是一封邀请函，邀请你将接下来的 12 个月创造成有生以来最有意义、成果最为显著的一年。你可能有一座甚至几座属于自己的珠穆朗玛峰将要攀登，通过应用本书介绍的系统和原则，你就能够到达珠穆朗玛峰之巅。

人生质量测评
What's Your Life Score?

本书以 5 个关键假设为基础。

第一，真实的生活包含多个方面。

生活不仅只有工作，还有家庭。在我看来，生活包含 9 个相关领域：

1. 生理：身体健康
2. 思想：精神健康与脑力投入
3. 精神：内心世界的状态
4. 爱：配偶或其他重要的人
5. 家庭：子女、父母以及其他亲人
6. 社交：朋友、合作伙伴及其他范围更广的社交群体
7. 财务：个人或家庭财务
8. 事业：专业或职业
9. 爱好：娱乐消遣和个人追求

第二，每个领域都很重要。

为什么？因为每个领域都会对其他领域产生影响。例如，身体状态影响工作状态，工作压力影响家庭生活。这种相互作用意味着，如果你想要取得进步，就必须给予每一个领域适当的关注。

第三，准确的自我定位是进步的开始。

可能你隐约感觉到事业偏离轨道，却看不清自己所处的形势；可能你感到自己的婚姻毫无生气，或是一成不变，却没有勇气承认自己的婚姻已经陷入困境。

第四，你可以改变生活的任何一个方面。

不管发生什么，不管你感到多么迷茫、沮丧，你都不用就此认命。进步和显著的个人成长都是完全有可能实现的。没错，有些事可能不受你的控制。但在你能力范围内的事可能比你预想的要多，只是你需要迈出第一步。

第五，自信、快乐，以及生活满意度，都是个人成长的副产品。

充分认识手中的支配权和控制力，是应对生活中的各种不确定性，并在最重要目标上取得进展的最佳途径之一。**而你手中的支配权和控制力，远比你想象的要多。**并且，如果你善于运用，它们还会继续增加。

为了对自己有一个准确的定位，我建议你做一个“人生质量测评”。人生质量测评包含上述 9 个互相关联的领域。你可以仿照示例，根据自己的真实情况给 9 个相关领域打分。在接下来的一年中，你可以在生活的大多数领域通过有意识的决策取得长足的进步。但是你首先需要找准基线，才能识别出最需要关注的领域。可能你事业有成，但身体状况欠佳。也可能你和家人关系不错，但对于如何增加存款以备不时之需，却没有一个可行的计划。

你可以借助人生质量测评快速锁定需要改进的领域，并在一段时间后检测个人成长进度。

但这仅仅是第一步。下面我将介绍后续的步骤。

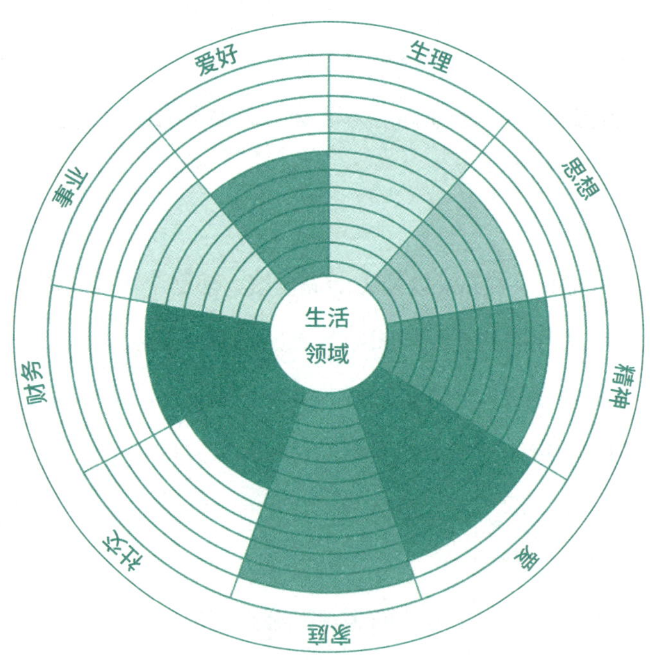

人生质量测评包含9个相互关联的领域。了解每个领域的相对质量状况，有助于取得多方面的进步。示例中的等级表示9个生活领域的相对健康状况。

5 步开启未来的路
The Path Ahead

我将目标实现过程分为 5 个简单的步骤。

步骤 1 将帮助读者消除有关规划最好的一年的疑惑。要想实现目标，首先必须相信自己能够实现目标。这一步骤将帮助你摒弃自我设限的观念，想象突破之年对整个人生可能产生的意义。

步骤 2 将讨论如何告别过去。把最坏的过去带进最好的未来，是失败的另一个原因。如果我们告别过去，尤其是结束不被赏识、没有回报的无谓付出，就能够登上自己的珠穆朗玛峰，迈向未来。我们并不是要深入挖掘童年，只是要回顾过去几年。我将提供一个“四阶段系统”，分析过去几年中你的哪些做法是有意义的，哪些没有意义，帮助你带着智慧和远见规划新的一年。我还会向你展示，过去一年某些重大的挫折可能蕴含了未来一年最大的机会。

步骤 3 将提供一个由 7 部分组成的目标设立框架。通过这个框架展望未来的几个月，你就能看到自己的梦想变得鲜活立体起来。计划和目标中存在的典型问题之一就是设计欠佳。像“多运动”“少花钱，多存钱”这类目标，存在几个方面的问题。其中一个问题在于，有效的目标应该是具体的、可量化的，粗制滥造的目标容易被遗忘。而这个目标设立框架将提供一个有意义的、有效的目标组合。

失败的另一个原因则是动力不足。如果缺乏强有力的动因，我们就会在实施过程中失去兴趣，注意力分散，或忘记原本的目的。我将在**步骤 4 中介绍我所知道的最有力的驱动因素**：你的“为什么”。一旦学会了这个部分，你就会变得势不可当——即便路途艰险、障碍重重。我还会向你展示一个万无一失的诀窍，让你能够在培养有益新习惯的同时保证以充足的动力来坚持新习惯。

最后，在**步骤 5** 中，我们会将所有的板块融合在一起，我还会**分享我所知道的 3 个最好的策略，帮助你完成目标**。没能达成目标大多是因为我们缺少有效的执行策略。要打赢一场仗，既需要战略，也需要策略。但除非有人告诉我们实现目标的最好方法，否则我们只能凭着运气自己摸索。这一步骤将帮助你消除学习曲线的负面影响。你将会在本步骤中学会更轻松地进入下一步，定期反思，以及用行动来克服前进过程中遇到的障碍。

接下来的一年，是会和以往的每一年无异，还是会成为你的突破之年？你在这一年里无须再因为没有取得想要的进步而失落沮丧。如果你想摆脱失意与迷茫，变得有条理、自信、有力量，我相信本书有你想要的答案。

让我们开始吧。

行动计划

现在，让我们向属于你的珠穆朗玛峰迈出简单的第一步。拿一本笔记本或日记本，简单写几个目标。可以从9个领域考虑：生理、思想、精神、爱、家庭、社交、财务、事业、爱好。你目前在哪些领域举步维艰？在哪些领域蒸蒸日上？

以测评结果为指导写下自己的目标。你渴望得到什么？你希望征服哪座高峰？如果你拥有像埃德蒙·希拉里那般的雄心壮志，你要知道，要到达珠穆朗玛峰之巅，你只需要迈出一只脚，然后再迈出另一只，如此往复。如果你曾遭遇挫折，那你就想想希瑟·坎普夫。任何失败都不是终点，失败只是人生下一篇章的前奏。

写下自己的目标清单，带着它开始接下来的阅读。如果在阅读中产生新的想法，可[illegible]到清单上。

STEP 1

相信可能

Believe The Possibility

历史不会重演，但总是惊人地相似。我们的个人史尤其如此。这是为什么呢？我们的境况每年每月都在发生变化，但我们还是我们自己。不管工作、人际关系以及周围环境发生什么样的变化，我们的思维习惯都倾向于产出相似的结果。

有益的思维习惯往往产生积极的结果，例如幸福感、个体满足感，甚至是物质上的成就。然而，如果思维习惯起到的是负面作用，我们的体验将恰恰相反：我们会感到不幸福、不满足，甚至捶胸顿足、怨天怨地，觉得自己只是原地打转、一事无成。

2009 年，马克斯·普朗克生物控制研究所的研究人员启动了一项研究——人类是否可以在没有外部提示或指引的情况下走出一条直线。实验参与者被要求在一天中的不同时间内，在田地、沙漠和森林中行走数小时。如果实验参与者可以跟着太阳或月亮行走，则往往更容易保持直线路径。而一旦天空被云遮蔽，即使实验参与者认为自己走的是直线，他们的感觉也是有偏差的。一些随机的小错误会导致他们偏离路线。随着时间推移，他们行走的路线会呈交叉状或环状。这项研究得出结论：人们之所以走出环形路线，是因为他们越来越不能确定哪里是正前方。

在我们的整个人生中，我们都被要求在没有指引的情况下走成直线。如果你厌倦了原地兜圈，厌倦了徒劳无功，那恭喜你，你现在可以改变路线了。你的志向就是你的指南针，可以让你朝着正确的方向行走，尤其是当你能够把这些志向变成明确的目标。最重要的是，你首先要相信这些目标是可以实现的。信念的力量如此强大，我们将在后续章节中揭晓原因。

就算现有的思维习惯已经带来不错的成果，升级信念还是对你大有帮助。无论你是处于困境当中，还是希望生活中的某个领域更上一层楼，你都可以通过扩展对可能性的感知，在更多领域体验到变革性的进步。

1

信念塑造现实

Your Beliefs Shape Your Reality

生活取决于我们相信什么，而不是我们看见什么。

——安吉拉·阿伦德茨

发生了什么不重要，重要的是我们告诉自己发生了什么。

——拉比·阿拉梅丁

几年前我和妻子盖尔养了一只英国赛特犬，名叫尼尔森。尼尔森生性温和、有耐心，和我的孙子孙女们相处得很好。它只有一个毛病：每次前门一打开，它就像从监狱里逃跑的囚犯一样飞奔而出。我们有时要花 20 分钟才能找到它，然后把它带回家。每次看到它险些被飞驰而来的车撞上，我们都胆战心惊。我们不知如何是好，直到发现可以使用隐形围墙。

这就是我们的突破点。用地下围墙线与电子项圈搭配就可以做出隐形围墙。当尼尔森靠近围墙时，项圈发出警告性振动，让它远离围墙。经过一些专门的训练，尼尔森很快就知道了围墙的位置，并不再靠近。尼尔森再也不会冲出门外。我们可以让它独自留在院子里，不用担心它跑出去。

有趣的是，一段时间过后，我们发现尼尔森已经不再需要项圈了。我们站在围墙外召唤它，它不会跑过来。孩子们用诱饵引诱它，它也不理会。围墙已经从外部的电子世界，进入尼尔森的脑中了。

信念的力量
The Power of Beliefs

信念极大地影响着我们对待生活的态度。这是为什么？因为我们期待什么，就很可能会遇到什么。这个道理我们早就明白。

社会学家威廉·托马斯早在 1928 年就说过："如果人们把某种情境定义为真实，那么这种情境在结果上也会是真实的。" 20 年后，社会学家罗伯特·默顿经过对"托马斯定理"的研究，提出了"自证预言"这一概念。1957 年，哲学家卡尔·波普尔将这种现象命名为"俄狄浦斯效应"，这是神话故事中一个应验了悲剧预言的英雄的名字。最近，科普作家大卫·罗布森提出并描述了"期待效应"的概念，深入研究了思维方式和观点态度对结果产生的影响。

另一位科普作家克里斯·伯蒂克在《大脑密码》一书中提到："在很多方面，现实的世界都是期待中的世界。我们的所见、所闻、所尝、所感，以及我们的经历，既是自下而上的，同时也是自上而下的。混乱的世界在我们的大脑中逐渐系统化。我们以经验中的形式、模式和假设来填补空白。我们对或远或近的未来预测，都会改变现实。”这种改变是如何发生的呢？

这不是幻觉。有些人可能会觉得这种现象与吸引力法则有关，但也不对。期待决定我们相信什么，进而决定我们的感知和行动，这就意味着期待决定结果。进一步则意味着，期待决定现实。

还记得曾经的泰格·伍兹吗？泰格·伍兹在陷入职业危机之前，曾一次又一次地打破世界纪录。他的一些制胜球是高尔夫球界的传奇。例如 2003 年南非总统杯，黄昏时分，伍兹在距洞口 15 英尺[①]处击球入洞。这看起来几乎是不可能实现的。每个人都这样想，除了伍兹自己。伍兹的队友迈克·维尔说：“他知道自己能成功……这也许是他出类拔萃的最重要原因，他有信念。”明白维尔的意思吗？以其他高尔夫运动员的技术，也能完成伍兹那些传奇般的制胜球，但是他们没有相信自己能够成功的信念。

这是我们很多人的真实情况。

我们的期待来自我们的思维模式。斯坦福大学心理学家卡罗尔·德韦克认为，思维模式主要分为两种：一种是固化型思维，另一种是成长型思维。根据自身的情况，这两种思维我们也能兼而有之。

可以肯定地说，这两种思维没有好坏之分，但事实证明，成长型思维对达成目标更为有利。基于这一观点，心理学家凯利·麦格尼格尔认为，“思维的改变会成为生活中其他改变的催化剂”，而

① 1 英尺≈ 0.3048 米。——编者注

诀窍在于我们首先“要让自己相信，这样的改变有可能发生”。我们要相信自己可以改变生活。

怀疑的弊端
The Problem with Doubts

我们没有成功实现目标，最大的原因是什么？就是我们总怀疑自己能否做到。我们以为目标可望而不可即。

《经济学人》杂志与全球舆观调查公司哈里斯就人们对实现新年目标的信心程度进行了一项民意调查，发现仅 37% 的受访者表示“非常有信心”，约 60% 的受访者表示有点信心、信心不高，或是完全没有信心。现在是不是可以理解我们为什么总是难以取得进步。

调查显示，20 多岁人群的新年目标实现率远高于 50 岁以上的人群。千禧一代中有 80% 的人都会设立自己的新年目标，而 65 岁以上人群中有 70% 的受访者认为设立新年目标是“浪费时间”。为什么会出现这种结果？因为如果一个人经历的挫折越多，就越不相信自己能够战胜挫折。自我怀疑是实现目标的毒药。

如上文所言，每个人都有很多不能得偿所愿的经历。为了不让自己在未来失望，我们形成了愤世嫉俗、自我保护的生活态度。我们就像尼尔森，曾经想要跨出围墙，却被制止，或者更糟。我们可能只被制止过一次，也可能是几次。不管怎样，现在即使前方没有障碍，我们也不再尝试。头脑意识中的障碍足以让我们止步。

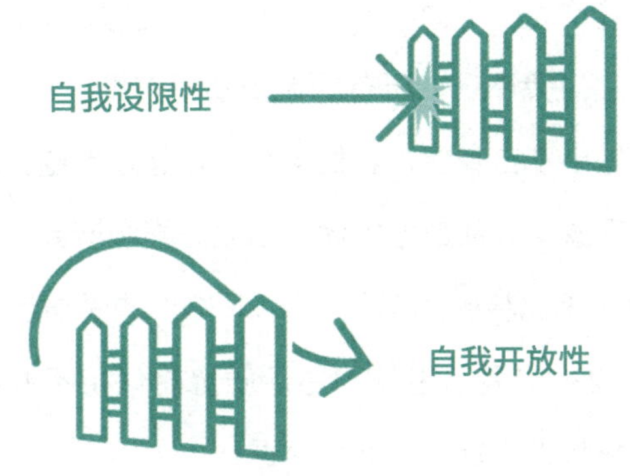

我们都会遇到障碍。自我设限性观念阻止我们克服障碍，而自我开放性观念帮助我们跨越障碍、改善境遇。

这看起来就像你说："我要找一份新工作。"但你随即又想："找不到吧，我经验不足，学历也不够高。"一个有可能带你开启人生新篇章的想法在一瞬间就消失了。

可能有朋友对你说："嘿，你和比尔这周末可以去参加恩爱夫妻营。"你心想："开什么玩笑？我根本没法把他从沙发上拉起来，一个晚上都不行，更别说一整个周末了。"

又或者有人说："我觉得跑 5,000 米的感觉会很不错。"你心想："也许我确实应该跑步。"随即消极心态开始作祟："我超重 40 磅[①]，膝盖又不好，怎么都不可能跑 5,000 米。"

以上 3 个例子有一个共同点：怀疑。还有另一个共同点：自

---

① 1 磅≈0.454 千克。——编者注

我怀疑导致的不作为。原本一个想法就有可能开启你生命的新篇章，但如果产生自我怀疑，所有的希望都将丧失。

有些怀疑是出于自我保护。如果从未燃起过希望，就不存在希望落空。这个现象可以从数据中体现出来。当被问到“你认为新的一年和过去一年相比将会如何”，只有 38% 的受访者认为生活质量将会提高，62% 的受访者认为生活质量将保持不变甚至下降。想象一下：大多数人不是停滞就是衰退！

这种消极心态伤害我们的灵魂，阻碍我们的未来。我们对未来的设想会形成一种信念，直接影响我们当下的行为和未来的结果。但如果这种信念是可以改变的呢？

重构框架

A Different Frame

3A 棒球投手史蒂夫·穆拉在一次客场比赛中担任首发队员，但他还没有离开球员席，就几乎输了比赛。这是为什么呢？“我在这里的投球区不可能赢。”他告诉教练哈维·多尔夫曼。多尔夫曼完全不能接受这个理由。但是他能看出穆拉已经做好了输球的准备。因此，教练让穆拉说明原因。穆拉说，投球区的角度不对。穆拉认为输掉比赛已成定局。但教练不这么想，他认为，一切才刚刚开始。

多尔夫曼问穆拉，可以做什么样的战略调整。这听起来似乎很简单。但这个问题让穆拉看到了新的可能。比赛开始前，穆拉想出了新的战术来应对投球区的非常规坡度。"'我还没赢'和'我赢不了'，"多尔夫曼告诉穆拉，"是不一样的。"过去不能决定未来——穆拉需要用这样的信念来指导行动。"如果你认为大势已去，就不会再调整战略了。"多尔夫曼说。但是通过改变信念，穆拉改变了他的战略，也改变了比赛结果。在这次比赛中，穆拉的表现近乎完美——两次安打，没有失分。

穆拉面对的是一个重大的挑战。但是和尼尔森一样，穆拉面临的挑战来自他的内心，而不是外界。"日常生活中很多看起来阻碍我们前进的现实，都只是在我们原有框架和假设的作用下呈现出来的假象，"罗莎蒙德·斯通·赞德和本杰明·赞德说，"在原有的环境集合中构建一个不同的框架，新的道路就会出现。"改变思维模式就好像打开了一个开关，会创造出新的可能性，随之而来的就是不一样的结果。

有一个广为人知的故事，说的是一个鞋商派两名推销员到非洲进行市场评估。第一个推销员汇报道："这里没有人穿鞋。这个地方没有市场。"而第二个推销员却说："这里没有人穿鞋。这是天大的好机会！速送货来！"事实就是事实，但我们看待事实的角度可以不一样。

我可以 99.9% 肯定这个故事是编出来的，但真的有一个现实版的卖鞋故事可以证明这个观点。1999 年，尼克·斯威姆认为他可以在网上销售鞋子。投资人并不看好这个想法：线上售鞋面临物流运输和客户服务方面的挑战，成功的机会微乎其微。当时与线上售鞋最相近的方式是邮购，但邮购仅占市场份额的 5%。毫无意外，大多数投资者都不支持斯威姆。

然而斯威姆的提议却让一名投资人精神为之一振。邮购业务虽然只占市场份额的 5%，但市场的总值是 400 亿美元！如果网上销售的成交额达到 20 亿美元，那么物流和客户服务方面的挑战一定不是什么大问题。这个市场有巨大的潜力！就这样，Zappos（扎珀斯，购鞋网站）诞生了！ 10 年后，亚马逊以 12 亿美元的价格收购了该公司。斯威姆当初对所有投资人说了同样的话，但只有一个人在同样的事实面前创造了不一样的可能性。

历史上这样的故事不胜枚举。令人惊讶的是，但凡有人发现一件事有可能做到，很快就会有其他人紧随其后效仿，甚至超越这个人的功绩。在本书开头，我们介绍了埃德蒙・希拉里和丹增・诺尔盖登上珠穆朗玛峰的成就。截至本书撰写之时，已有超过 6,000 名后来者也登上了珠穆朗玛峰，完成了这项曾经不可能完成的壮举。

飞行员曾经认为飞机的飞行速度不可能超过每小时 768 英里[①]，也就是声音在海平面上的传播速度。但是查克・叶格认为自己能够打破声障，并在 1947 年 10 月 14 日实现了超音速飞行。从这时起，飞机才开始改进，后来两倍、四倍甚至六倍音速也成了常规飞行速度。

1954 年以前，田径运动员都认为不可能有人能用少于 4 分钟

① 1 英里≈ 1.61 千米。——编者注

的时间跑完 1 英里。后来，罗杰·班尼斯特跑出了 3 分 59 秒的成绩，这个纪录后来又被其他运动员打破。

在很长一段时间里，人们都认为在两小时以内跑完马拉松是不可能的。但在 2019 年，肯尼亚运动员埃鲁德·基普乔格在一场非正式马拉松表演赛中突破了两小时大关，震惊世界。他以 1 小时 59 分 40 秒的成绩完成了比赛。虽然这项纪录并不被世界田径联合会承认，但的确令人称奇。

在正式比赛中，基普乔格也比世界上其他人速度快。2022 年 9 月，基普乔格在柏林马拉松赛中取得了 2 小时 01 分 09 秒的成绩。一项是不可思议的壮举，一项是官方记录，两者之间的时间差距也不过是你每天早晨刷牙时间的一半。

基普乔格的秘诀何在？那就是他相信信念的力量。2017 年，他告诉一位记者："唯一的区别就在于信念……你认为不可能的事，我认为有可能。"他在《跑者世界》的访谈中说："就我个人而言，我不相信极限。"基普乔格从未停止，他凭借自己的信念不断超越过去的自己。信念使他能够取得非凡的成就，无数其他人也在同样的信念下实现了他们生活中的不可能。

还有一个例子。数千年来，人类一直梦想着实现人力飞行，这似乎一直是幻想中的场景。直到 1977 年，有人研发出了能够持续飞行的可操控无引擎飞机。这只是个开始。1988 年，希腊自行车冠军卡奈洛斯·卡奈洛普洛斯驾驶纯脚踏动力飞行器飞跃海面超过 70 英里。现在，制造和驾驶人力飞机已经成为很多人的周末消遣。

20 世纪 80 年代中期，滑板运动员迈克・麦克吉尔完成了滑板运动中的首次 540°空中旋转，也就是空中旋转一周半。在此之前，没人相信人类能够完成540°空中旋转，但在麦克吉尔成功完成了“麦克扭转”后，其他人也争先效仿，并在此基础上继续突破。托尼・霍克是完成空中旋转 720°的第一人，后来他又完成了 900°旋转。2012 年，年仅 12 岁的汤姆・沙尔首次完成了空中旋转 1080°，也就是在空中旋转 3 周！在接受娱乐与体育节目电视网（ESPN）采访时，沙尔说，“这是我做过的难度最高的动作，但是”，注意了，“这比想象中简单”。令人惊讶的是，2019 年，米奇・布鲁斯科打破了这个记录，首次完成了 1260°旋转！

确实，只有信念还不够。毋庸置疑，技能也是不可或缺的。关于运动员不断追求个人表现的新高度，亚历克斯・哈钦森这样写道：“训练是蛋糕，而信念是糖霜。但有时候正是这薄薄的一层糖霜能带来决定性的差异。”实力相当的运动员参加同一场比赛，谁心理素质更好，谁就占据优势。

一件事看似不可能完成，只是因为完成它的人还没有出现。叶格、班尼斯特、卡奈洛普洛斯、麦克吉尔、霍克，还有沙尔，都向我们证明，我们能做到的比我们以为的更多。卢克・伯吉斯说：“历史上的伟大进步，都来源于有人渴望未知的事物，并且让其他人知道，他们能得到的，比他们渴望的还要多。”这个人也可以是你。

爵士钢琴家塞隆尼斯・孟克曾说：“你认为不可能做到的事，总有人会去完成。”你会成为下一个基普乔格，或是下一个布鲁斯科，甚至实现比他们更大的突破吗？你会鼓励其他人也这样做吗？

想象力失败

A Failure of Imagination

是否相信自己能完成目标，是决定目标能否实现的第一个关键因素。

著名的未来主义者、科幻小说家、发明家亚瑟·C. 克拉克曾说："如果一名优秀且年长的科学家认为某事有可能，那么他很可能是对的。如果他认为某事不可能，他很可能是错的。"如克拉克所说，这是"想象力失败"。

不仅仅是科学家，想象力失败还不同程度地影响着运动员、父母、领导者、经理、教师，影响我们每一个人。我们需要从改变思维方式开始。总体而言，对待生活可以有两种态度：一种直接导致想象力失败，另一种却能够唤醒并放大我们对可能性的感知。接下来，让我们来看看它们的区别。

2

阻碍前进的观念

Some Beliefs Hold You Back

我们的目光多么狭隘啊！我们找寻什么，才能看见什么。

——约翰·卢伯克

生活千变万化。成长没有定法，选择要睿智。

——凯伦·凯瑟

我以前有个客户，接下来我将称呼他为查理。但查理不是他的真名，暂且认为改名换姓是为了保护这家伙吧。查理总是认为自己被折磨、被欺骗、被迫害，并以此找到存在感。他抱怨每一件事。他觉得除了他自己，其他人都是白痴，他们做的所有事都是错的，人生充满了不公。我不愿与他共进午餐，因为即使是他先邀请我，他也从不付账。跟他相处总是既劳神又伤财。

不只我这样想，查理对每个人都如此。每当我提到查理，他的员工和朋友都直翻白眼。查理用损人利己的方式处理所有人际关系。他身边的人时时刻刻都担心自己的生计和财富会因查理陷入危机。

他心中渴望的成功似乎永远遥不可及。

我把查理的这种思维方式称为稀缺型思维。

再来看看我的另一个朋友。艾米是我认识的最慷慨的人之一。每次相见，她总是热情地对我微笑，拥抱我，鼓励我。每次和艾米告别后，我都觉得充满能量，找回了自己。她对每个人都如此。无论是朋友、员工、客户、供应商还是其他任何人，都能得到她温和慷慨的对待。别人受她的感染取得成功，而这些人又以不同的方式带给她能量。

我把艾米的这种思维方式称为富足型思维。

稀缺与富足
Scarcity vs. Abundance

无论做什么事，我们都要相信自己已经做好迎接挑战的准备。并不是说这件事很简单，或者我们已经知道要怎么完成这件事。通常我们都不知道怎么做更好。做好准备迎接挑战，意味着我们相信自己能够应对挑战，相信自己具备应对挑战的能力。

相信自己为什么如此重要？因为我们的每一个目标都会遇到障碍。有一些人在克服障碍的过程中遇到困难，便怀疑自己是否具备足够的能力，比如查理。有些人却相信只要稍加努力或从不同的角度考虑问题，就能够战胜困难，想想艾米。

研究人员将第一类人称为实体理论者，或固化型思维人群。他们认为自己的能力是固定不变的。你一定听过有人说自己“不擅长x、y 或 z”。这些就是稀缺型思维者。他们认为，如果一件事不能轻而易举地实现，那就说明这件事可能不适合自己。稀缺型思维自然会导致自我设限性观念。评估显示，大约五分之二的学生和成人都有这种心态。

研究人员将第二类人称为增量理论者，或成长型思维人群。当他们面临问题时，就会寻求解决问题的新方法。他们知道只要坚持下去，就能找到变通方案或解决办法。当目标可望而不可即，为之付出努力也是值得的。在尝试的过程中，他们会不断寻找实现目标的方法。这种就是富足型思维者，他们的思维模式自然不会导致自我设限性观念，而是通往自我开放性观念。研究显示，富足型思维者与稀缺型思维者数量相当。还有两成的人居于两者之间。

这两种不同的思维方式，一种通向失败、恐惧、不满，另一种则通向成功、愉悦、满足。查理一类的稀缺型思维者，为人处世的依据是对世界、对他人、对自己的自我设限性观念，而艾米一类的富足型思维者，则站在自我开放观念的平台之上运筹帷幄。这就是两类人的主要区别。

现在最重要的问题是：你的思维方式是哪一种呢？理解两种思维模式及其对应的标志性观念之间的区别，是实现目标的开端。稀缺型思维的标志是自我设限性观念，而富足型思维激发的则是自我开放性观念。

如果你感到自己既像查理，又像艾米，那也无须惊讶。人人都如此。我们到底更像查理还是更像艾米？事实上，我们的思维方式是会随着所处的环境发生改变的。有人可能会在生活中的某一领域呈现稀缺型思维，却在另一领域呈现富足型思维，而关键就在于当稀缺型思维“探头”时，你是否能够将其识别出来。

稀缺型思维者	富足型思维者
1. 长于索取，担惊受怕	1. 心怀感激，相信自己
2. 贪得无厌	2. 留得青山在，不怕没柴烧
3. 独享知识与人脉，缺乏同情心	3. 乐于分享知识与人脉，富有同情心
4. 故步自封	4. 相信自己能够学习、成长、发展
5. 习惯性多疑、冷漠	5. 习惯性相信他人、心胸开阔
6. 厌恶竞争，认为竞争损害利益、削弱权力	6. 喜爱竞争，认为竞争带来利益、发展能力
7. 对未来悲观，认为前路艰辛	7. 对未来乐观，相信好景在望
8. 视挑战为阻碍	8. 视挑战为机遇
9. 格局小、厌恶风险	9. 格局大、喜欢冒险

3 种自我设限性观念
Three Kinds of Limiting Beliefs

只要我们稍加留意，就能发现自己思维中的自我设限性观念。**首先是我们关于世界的假设。**有些人可能会说，“市场不景气，我不能现在启动新业务”，或者是“我不信任管理层，管理层总想欺骗我们”，或者是“政治家正在摧毁经济，我不可能有发展”。这些可能是根深蒂固的观念。但真相不一定是这样，即使有些观念看起来正确，也不是事实的全部。我们必须学会质疑甚至无视某些观念，否则它们会限制我们的自由和行动力。

其次是我们对他人也存在自我设限性观念。你可能会说，“不用问，他一定没时间见我”，或“嘿，她只是个会计，能懂什么”。或说“他到现在还没有回复我。他一定对我很失望”，又或者“像她这样的人一定不愿意和我约会”。这些都不一定是真相。只是我们自己会被这些观念影响。

3 种自我设限性观念

对世界

对他人

对自己

小心！自我设限性观念将扭曲我们对世界、对他人、对自己的看法。

第三种自我设限性观念正中大多数人的要害：**对自己设限。**我们可能会说“我是一个容易放弃的人，我向来有始无终”，或“我也没办法，我向来身体不好”，或“我不善理财”，又或“我不是有创意的人”。这些观念往往是错的，至少错了一半。它们会成为你前进道路上的路障。

如何判断自己是否陷入自我设限性观念的陷阱？杰里米·迪安在《习惯：改变命运的关键力量》中提到 3 种致命误区：

非黑即白。认为除非做到完美，否则就是失败。现实往往是一把刻度尺，而不是一个开关。

主观化。因随机负面事件而责怪自己。

小题大做。即使只有轻微的迹象，也会做好最坏的打算。

这里我们可以加上第四条：

普遍化。有过一次不好的经历，便认为这是普遍规律。

我们的言辞往往将自我设限性观念的迹象暴露无遗。如果我们对世界、对他人、对自己的评价常常表露出“如果不是……就一定是……”这种非黑即白的观点，或者一遇到不顺心、不愉快，就开始自我否定，以为大难临头，又或者像我女儿梅根说的那样，如果你经常有“从不”“总是”“不能”“不会”这样一刀切的表达，或是其他被婚姻咨询师建议伴侣间避免使用的用语，那你的措辞就已经暴露你的思维模式了：你已经处于自我设限性观念中。**突破这种观念的关键，就是在你的经历和对经历的解读之间，加入一条减速带。**

那么，这些观念是从何而来的呢？

自我设限性观念的来源
The Source of Limiting Beliefs

如前文所述，我们的一些自我设限性观念来自以前经历过的失败或挫折。**挫折重复出现，就会导致我们做出最坏的假设。这会让我们加强囤积行为，规避风险。**

但如果我们善于观察，就会发现自我设限性观念的其他来源。例如，新闻媒体具有较强的负面倾向。正如托尔金所言，它主要报道谋杀案和足球比分。职业记者迈克尔·格罗特豪斯曾说："研究表明，阅读过量的新闻将导致情绪低落、焦虑，并且读者并不能对新闻事件有实质的改变或影响。"

打开新闻，我们会轻信世界越来越丑恶，有越来越多的犯罪、贫困、暴力。冗长的陈词滥调中充斥着担忧和恐惧，间或穿插一些骇人的关于医疗状况的商业广告。新闻机构倾向于向观众报道负面消息，因为恐惧令人们的大脑更活跃，也更加能吸引眼球。更为不幸的是，新闻业正在逐渐衰落。因此媒体变本加厉地利用大众的恐惧心理，来增加广告的受众。

这种负面倾向也反映在社交媒体上。在选举周结束后，似乎总能看见负面新闻源源不断地涌现。但其中还是有一些积极倾向的。

打开 Instagram（照片墙，一款社交应用），似乎每个人都过得很好。孩子快乐，朋友漂亮，假期悠闲，工作充实。通常在潜意识里，我们立刻就觉得自己落后了。Instagram 上每个人都比我们更聪明，更有创造力，学历更高，更成功，更幸运，更健壮，更文艺。学者唐娜・弗雷塔斯对超过 12 所大学的学生的社交媒体使用情况进行了一项大规模研究。弗雷塔斯在她的研究成果《幸福效应》一书中写道："Facebook（脸书）就像是 CNN（美国有线新闻电视网）的妒忌版，24 小时不间断播报谁过得好，谁过得不好，谁进步，谁退步……除非你的自尊心坚如磐石，不为妒忌所侵，或是有超乎常人的理智，能够透过他人光芒四射的社交媒体看清他们的真正手段（就是造作和夸大），否则你很难无动于衷。"我非常支持人们使用社交媒体，但使用 Instagram 导致我们对自己的生活感到自卑，这个现象的确合情合理。

自我设限性观念还来源于负面关系。这种负面关系无处不在，可能是跟朋友、同事，也可能是跟家人或社会团体。负面关系通常从我们的童年时期就开始助长自我设限性观念。弗吉尼亚大学心理学教授蒂莫西・D. 威尔森提出的"核心叙述"就包括这种观念。"核心叙述"大部分都是有益的、有用的。但另一部分却不然，它们可能会纠缠着我们，并在我们进行尝试的时候造成干扰。除了童年时期，自我设限性观念还在教堂、大学、办公室里继续形成。**不管我们的观念在何时通过何种方式形成，这些观念都会变成一副眼镜，**

我们会透过它看世界。我们要明白，包括负面关系在内的各种关系都会影响它的形成。

“在生活以及事业中，你能够做得多好，不仅取决于你选择做什么、如何做，还取决于你和谁一起做，或者谁对你做什么。”心理学家亨利·克劳德在《他人的力量》一书中写道。和像查理这样的人待在一起，你就会变得与他一样，以死气沉沉、作茧自缚的心态来看待世界。反之，如果你身边都是艾米这样的人，你会觉得一切都变得朝气蓬勃。

值得注意的是，这样的观念是会不断强化的。认知神经科学家、记者克里斯蒂安·贾勒特介绍过一个动态模型。如果在生活中用心观察，我们就能体会到这个模型的规律。他说，我们的性格既是先天形成的，也是后天培养的。我们的性格，以及对世界、对他人和对自己的看法，都是由基因和生活经历共同决定的。同时，我们的性格又决定了我们在追求目标的过程中如何行动和反应。

在贾勒特的动态模型中，最值得注意的就是这个循环。我们的行动和反应塑造了我们对世界的体验，而对世界的体验又反过来影响我们的性格。这是一个不断强化的自循环：**观念塑造体验，体验塑造观念。**而这个循环是良性循环还是恶性循环，取决于我们相信什么观念，用什么观念来指导行动。

需要注意的是，无论是积极观念还是消极观念，在一定程度上都是后天习得并且可以改变的。它们是观念，不是事实。我在前文说过，我们每个人都既像查理，又像艾米。认识到这一点很重要。

因为生活中总会有削弱我们能量的观念不时侵入，这是不可避免的。只有正确认识观念的本质，才能在某些时候有意识地转变思维模式，塑造能够让我们获得能量的观念。

如果想要经历最好的一年，首先必须分辨出在稀缺型思维和富足型思维中，你在受哪种思维主导，并要有意识地向后者靠近。我们没有理由让自我设限性观念限制我们的发展。

由你选择
You Choose

苹果公司前 CEO 史蒂夫·乔布斯去世后不久，他的家人、朋友们在斯坦福大学纪念教堂追悼他。数百人参加了这次仅面向受邀者的活动，他们钦佩且爱戴这位有远见卓识的发明家，并前来向他致敬。记者布伦特·施兰德在《成为乔布斯》一书的结尾叙述了这个时刻。

博诺、琼·贝兹、马友友倾情表演。甲骨文公司 CEO 拉里·埃里森以及苹果公司首席设计师乔纳森·艾维发表了讲话。但让施兰德最为触动的是乔布斯的妻子劳伦·鲍威尔的发言：“他塑造了我看待世界的方式。”她这样描述她的丈夫：

> 看见已经存在的事物，扫除障碍以清晰地认识现实，已经是一件困难的事。但史蒂夫拥有更伟大的天赋：他能够看清尚

未出现的事物，他知道什么可能会出现，什么必定会出现。他的思维从不被现实束缚。相反，他能想象出现实中缺少的东西，然后去创造它。

因此，她说，乔布斯拥有**“对可能性传奇的感知”**。

问问自己：有什么是你在现实生活中没有，但是可以有、必须有的？在你的人际关系、健康、事业，或是精神生活中，有什么是现在缺少，而只有你可以创造的？在规划最好的一年之前，我们必须认识到，我们面对的大多数阻碍，都只存在于想象之中。

有些阻碍看起来是固定的、明确的。珠穆朗玛峰高达8,848.8米。众多登山者屡次尝试登顶，似乎都难以突破最后的304.8米。一些登山者在登山途中丧生。“就像是在8,544米高处有一道无形的屏障，任何人都无法逾越。”埃德蒙·希拉里说。想象一下，如果他和其他登顶的队友只看到前人的结果，就断定任何人都不可能成功登顶，那就不会有后来的成就。

我们的头脑中可能有成千上万种想法奔腾而过，只有我们自己才能决定自己要相信什么。克服自我设限性观念最好的办法，是用自我开放性观念取而代之。思维升级是可以实现的。关于这一点，我们接下来会详细探讨。

3
观念升级
You Can Upgrade Your Beliefs

“不可能”不是一个事实，而是一种看法。

——艾米·莱托

在有人能够完成它之前，难道一切不都是不可能的吗？

——丹尼尔·威尔逊

1954 年，马丁·路德·金成为亚拉巴马州蒙哥马利市德克斯特大街浸信会教堂的一名牧师。当时他只有 25 岁，但马丁·路德·金在接下来 10 年间的成就，彻底地改变了美国社会。

1955 年，在有名的罗莎·帕克斯事件后，马丁·路德·金领导了蒙哥马利市巴士抵制运动。1956 年，抵制运动得到了美国最高法院的支持。一年后，马丁·路德·金成立并领导了南方基督教领袖会议，该会议帮助组织了当时蓬勃发展的民权运动。他还发表了第一次面向全国观众的演讲，登上了《时代周刊》杂志的封面。这些仅仅是开始。

20 世纪 50 年代末到 60 年代初，马丁・路德・金组织的抗议活动以静坐抗议和示威的形式继续进行。1963 年，运动达到高潮。当年 4 月，由于违反禁止示威规定，马丁・路德・金在伯明翰被捕。他受到了当地官员的猛烈抨击。作为回应，马丁・路德・金写下了他最重要也最具纪念价值的著作《来自伯明翰监狱的信》。几个月后，他领导了华盛顿的示威游行，此次游行参与人数超过 20 万。

在《解放黑人奴隶宣言》100 周年之际，马丁・路德・金在林肯纪念堂前发表了激动人心的演讲《我有一个梦想》。这次示威引发了全国范围内对民权的支持。当年夏天，总统约翰・F. 肯尼迪提出了有史以来影响力最大的民权法案。美国国会于 1964 年通过该法案，示威游行和马丁・路德・金的演讲功不可没。

如果这还不够，马丁・路德・金还是《时代周刊》“1963 年年度人物”，史上最年轻的诺贝尔和平奖获得者。虽然民权问题前路漫漫，但马丁・路德・金已经给世界带来颠覆性的改变。当时他年仅 35 岁。他的秘诀是什么呢？

避开自我设限性观念陷阱

Avoiding the Trap of Limiting Beliefs

马丁・路德・金在伯明翰的反对者认为他的行动“不明智且不合时宜”。这些官员和马丁・路德・金不一样，他们受制于自我设限性观念：他们对世界的看法限制了他们对可能性的理解。他们不认为马丁·路德·金的行动是在为变革作铺垫，反而认为他阻碍了变革。他们担心马丁·路德·金的行动会让他们处于不利地位。**生活中所谓“公认的智慧”很多时候只是“普遍的误解”**，这样的例子成千上万，这个故事只是其中之一。

从上一章节我们已经知道，自我设限性观念是对现在的一种误解，这种误解会将我们的未来导向不好的结果。马丁·路德·金所处的环境充斥着这些自我设限性观念：

· 民权运动在过短的时间内提出过多要求
· 民权运动挑起了不必要的麻烦
· 非暴力行动无济于事，武装反抗是必要的
· 白人不会改变，种族和解不可能实现
· 种族歧视的观念根深蒂固，我们不可能改变这个事实，遑论改变法律

除此之外，民权运动内外还有很多黑人与白人共有的自我设限性观念。马丁·路德·金和其他人的区别在于他拒绝这些观念，因为这些观念并不是事实。相反，他相信时代正在迫切呼唤人们立即行动。他相信非暴力示威是有必要并且有效的。他相信种族和解是一个真实的希望，他相信人心可以真正改变，整个社会也可以真正改变。

马丁·路德·金坚持的是自我开放性观念，而不是自我设限性观念。他和其他人看见的是一样的事物，但是，用赞德的话来说，

他构建的框架和别人不同。这就是《我有一个梦想》演讲要传达的精神。不管其他人说什么、相信什么，他眼中都可以看到更美好的未来。他的框架让他看见胜利，他从内心深处相信终有一天理想可以实现。这些自我开放性观念赋予他自由，让他坚定前行。我们也可以这样做。

思维定式可能会让我们陷入困境。但是改变思维，就能从困境中挣脱。

观念交换

Trade Your Frame

我们可能不会有马丁·路德·金那样远大的抱负。但我们的信念在仅此一次的生命中发挥着重要作用。它可以改变我们自己的世界，以及身边最亲近的人的世界。

关于用自我开放性观念代替自我设限性观念，我喜欢一个来自嗜酒者互诫协会社区的案例。布朗大学、加利福尼亚大学伯克利分校以及美国国立卫生研究院的研究人员合作开展了一项大型研究。研究人员发现，信念是促使人们远离酒精的动因。嗜酒者互诫协会的成员不会说“我忍不住要喝酒”，他们相信自己可以抵挡诱惑。为什么？因为他们现在树立了自我开放性观念，认为改变是可能的。他们不会想着“我不能离开酒精”，而是在自我开放性观念的影响下想着：如果不喝酒，我就能更好地处理生活中的困难。

另一个案例是我的朋友唐纳德·米勒。唐纳德是一名畅销书作者，也是一名出色的企业家。在经历了一系列失败的恋爱后，他认为自己的爱情注定不能开花结果，直到鲍勃·戈夫突然拜访才改变了他的想法。

“唐，你知道我发现什么了吗？”鲍勃说，“我发现你很擅长恋爱。”唐纳德不相信。他一点儿都不擅长恋爱，他对此深信不疑。但是鲍勃不停地拜访唐，并告诉唐，他擅长恋爱。鲍勃总是在唐纳德真正与人交往之后，一次次地向他举例论证自己的观点。“在接下来的几个月中，鲍勃的主张和我的自我感觉之间出现了巨大的鸿沟。”唐说。最终，鲍勃的坚持得到了回报。“鲍勃就像一名出庭辩护律师，周而复始地向我的灵魂陈述证词，直到我们意见的鸿沟开始闭合。”唐终于意识到，鲍勃是对的。唐越是认识到自己擅长恋爱，就越能够有信念采取行动，向自己证明这个信念是正确的。新的信念让唐能够面对情感，燃起希望，重拾信心。事实证明，唐极其擅长恋爱——他开始约会，后来遇到了一生所爱，步入了婚姻殿堂。

我自己也有不少类似的例子。我曾经认为自己动手能力不强，对所有体力劳动感到恐惧。后来条件允许了，我立刻雇人来帮我干这些活。我不喜欢干这些活，或者说我以为我不喜欢干这些活。近几年我开始意识到，我喜欢洗碗。可能听起来很奇怪，但我确实擅长洗碗。洗碗也给了我一种成就感。我把这件事记在了脑子里。

后来，我决定试试自己动手安装一个自动照明系统。虽然我的电工经验为零，但我对自己说："我只需要看 YouTube（视频网站）上的教程就能学会怎么安装。"果然，我做到了。我成功安装了整个照明系统。我本就喜欢学习新事物，完成这件事给我带来了巨大的满足感。直到今天，我还在享受这个系统带来的便利。那次以后，我又在办公室里搭建了一个直播间，其中还涉及不少相当复杂的布线和装置。

事态是如何彻底发生转变的呢？当意识到自己动手能力不强是一种自我设限性观念，我便开始用自我开放性观念取而代之。远离查理，靠近艾米。我开始对自己说："我动手能力很强。我什么都能学会。"刚开始也并不真是这样。但我没有受稀缺型思维控制，我选择了成为富足型思维者。现在，在我接到新的任务时，我比以前自信多了。

在财务方面，我也曾经和自我设限性观念做斗争。1992 年，我几乎破产。我生意失败了，连家庭日常开销都要靠朋友接济。与此同时，一位导师对我说："你不太擅长赚钱，对吗？"我从这两次经历中得出一个结论：我不擅长赚钱。我花了很多年来摆脱这个标签，最终我做到了。我开始发现自己在财务管理方面做得得心应手。我还注意到自己成功率很高。我开始有意识地告诉自己，我擅长赚钱，并且还可以做得更好。

类似地，曾经我因为入不敷出，就认为自己不可能再有发展。后来，我意识到这是一种自我设限性观念，便试图用自我开放性观念来替代它。我开始告诉自己："我有足够的钱偿还债务，实现目标，做一个慷慨的人。"当然，刚开始，我的感觉不是这样。我没有选择稀缺型思维，而是选择了富足型思维。这不是什么魔法。这种转变的确为我开启了新的里程，让我得以前进。我越是前进，越是能够发现更多的资源来改善我的境遇。

还有一个例子。"我现在不想做这件事。"我以前会这样说，"我累了。"我曾经认为精力旺盛与否不是我能控制的。但后来我发现，我拥有自主权。我可以掌控自己的精力。我把自我设限性观念换成了自我开放性观念："我的精力足以让我完成当前的任务。"每当我感到疲惫或劳累，我都会对自己重复这句话。不久后，实践便真的改变了我。在所有这些例子中，改变信念都可以获得更好的结果。这不是魔法。**你现在所拥有的，已经足以改变你的生活。**

每个人的情况不同，每个人都有自己的一套自我设限性观念。在我的培训经历中，我发现大多数人共有的自我设限性观念有两种。

第一种，认为自己没有能力改变境遇；第二种，认为自己没有足够的资源。

下面我们依次分析这两种观念。

觉得自己能力不足的时候

When You Feel Powerless

艾琳・格鲁威尔是一名新老师，她被分配到加利福尼亚州长滩市的一所高中。这是一所刚刚合并的高中，很难管理。艾琳的混合班中有很多问题学生，有一些还是青少年犯罪团伙成员，他们对老师的厌恶甚至超过了对彼此的厌恶。

“我的班级就像一个垃圾场，里面全是违纪转校、戒毒、留校察看的学生。”格鲁威尔说。这些学生几乎被所有人放弃了，学校也没有指望她能够改造这些学生，甚至她的爸爸也劝她换份工作。幸运的是，格鲁威尔相信，在这些学生身上，她能够做到别人不能做到的事。

艾琳首先抛弃标准课程，指定了一些有关青少年应对危机的书作为阅读材料，包括安妮・弗兰克的《安妮日记》和兹拉塔・菲力波维克的《兹拉塔日记：一个萨拉热窝少女的生活》。她还要求学生用日记记下自己的经历，这也是很重要的一步。通过日复一日的努力，她改变了孩子们的人生。她战胜了困难，帮助150名学生学习、成长、毕业。班上的大多数学生都上了大学，还有一些学生后来也成为了老师。

我们拥有的能力远比我们以为的要多。根据斯坦福大学心理学教授阿尔伯特・班杜拉的研究，能力包含4种属性，能够帮助我们实现目标。

第一，意图。我们可以想象一种比现在更好的生活，并在现有条件下通过与他人共同努力获得这种生活。

第二，前瞻。通过预见未来，我们可以控制自己当前的行为，并赋予行动目的和意义。

第三，行动。我们有能力按照我们的计划行事，保持积极性，并通过随机应变保证计划按时进行。

最后，内省。我们不仅会行动，而且知道自己在做什么。这意味着我们能够对自己的行动进行评估，调整行动，甚至修改计划。

这 4 种属性蕴含了巨大的能量。因为它们过于常见，导致我们很少停下来对它们进行深度思考。人类所有伟大成就的萌芽都离不开这 4 种属性的孕育。仔细观察，你就会发现，这 4 种属性或暗含在本书方法论的 5 步骤中，或是在其中直接体现。

艾琳・格鲁威尔在她的教学中运用了以上 4 种属性。她知道，参与学生的生活，能够影响学生的生活。她根据自己的意图制定计划。她开始采取行动，并在实施计划的过程中不断调整方向，一点点地改变了 150 名学生的人生。如果她没有这样做，这些学生可能会被放弃，更不用说改变人生了。

不管现在处于什么环境，我们都有能力追求更好的未来。有些人不相信，他们认为自己什么都控制不了。这只是一种自我设限性观念。通过自己的选择，我们可以成为自己人生积极的参与者，创造更好的未来。

1956 年，在巴士抵制运动最后几个月的艰难日子里，马丁·路德·金举行了一次布道，鼓励教会成员常怀希望，过创造性的生活。他教他们祈祷:“请帮助我接受我的工具。不管这些工具多拙劣，请帮助我接受它们。在我接受工具之后，请帮助我启程，帮助我使用我的工具做力所能及的事。”

马丁·路德·金用摩西的例子来说明，简陋的工具也可以有大作为，摩西抛弃了自我设限性观念，带领他的人民走向自由。如我们所见，马丁·路德·金本人的经历有力地证实了他的观点。

资源问题

The Resource Question

格鲁威尔的故事提醒我们，不要把目标局限在现有资源内。资源从来都不是我们实现目标过程中的主要挑战，从来都不是！**事实上，如果你现在已经具备实现目标的一切资源，那么你的目标可能太小了。**

刚开始，格鲁威尔没有买书的预算。但如果计划要进行下去，学生就需要特定的书。怎么办？她又找了一份工作，自己掏钱买了书。随着格鲁威尔的计划不断实施，她需要的资源也越来越多。她的学生希望请梅普·吉斯到学校演讲。梅普·吉斯是荷兰人，曾协助安妮·弗兰克及其家人躲避迫害。学校没有预算，学生们便组织了一系列筹款活动，最终成功邀请了梅普·吉斯。不仅如此，他们还筹集了资金，把兹拉塔 · 菲力波维克请到了美国。

决心越大，资源越多。决心能改变结果。“人类从不缺少资源，”马丁·路德·金在 1964 年诺贝尔奖的演讲中说，“人类缺少的是意志。”

资源是必不可少的，但资源从不是成功的先决条件。**表面上的资源稀缺反而常常是潜在的优势。事实上，人们在解决困境的过程中可能会取得一系列意料之外的收获。**比如，资源不足迫使我们迎难而上，尽最大的努力去实现目标。太容易获得的资源往往导致最终成效欠佳。经济学家朱利安 · 西蒙将人类创造力称为终极资源，但矛盾的是，**终极资源往往需要一定的限制因素才能释放出来。资源的缺乏能够激发人类随机应变的能力。有限的资源能够塑造人的适应力及自信心。我们克服困难的次数越多，克服下一个困难的能力就越强。**

总而言之，表面上的资源不足可能是我们所拥有的最重要的资源。自我设限性观念使我们无法看到这一点。有一个自我开放性观念是正确的：**我们生活在一个真正富足的世界里，这个世界的资源足以让我们实现重要的目标。**这并不意味着，你现在没有的资源，将来也不会需要。如果你的目标够大，你需要的资源可能会比最初计划的要更多并且更复杂。尽管放手去做吧！资源不足从来都不能成为你停滞不前的借口。相反，资源不足能够提示你下一步应该处理什么问题。

刚开始，登山队在珠穆朗玛峰北坡经西藏上山，却发现在攀登到 8,544 米高时就无法继续前进。二战后，北坡路线不再向登山者开放。这下他们不仅无法登顶，甚至连山都不能上了。你是不是觉得他们都会掉头回家？

那你就错了。埃德蒙·希拉里和其他登山队员都相信自己可以突破 8,544 米的极限。于是，他们将这些限制条件化作调整路线的契机。尼泊尔的南坡通道曾因难度过高而被弃用。希拉里和探险队队长埃里克·希普顿重新评估了这条通道，找到了一条可能登顶的路线。限制条件并没有将登山队拒之门外，反而促使他们找到了新的道路。

修正观念
Revise Your Beliefs

你可以从自我设限性观念中挣脱出来，把自我设限性观念替换成自我开放性观念。我在这里推荐一种简单的 4 步法。

首先，拿出你在本书开头列好的目标清单。可能你经过这段时间的思考，又有了新的目标。这是好事。看看这些目标，有没有哪一条看起来遥不可及、高不可攀？这就是我们的入手之处了。

第一，识别与自身反应相关的自我设限性观念。我在上一章中提到过几种思维误区。如果一种观念反映出非黑即白的思维方式，那么这种观念就可能是自我设限性观念。同样地，还有主观化、小题大做和普遍化。我们可以从日常语言中发现问题。想想自己平时有没有以下负面或以偏概全的措辞，如“不能”“不要”“不会”“从不”“总是”“永远”等。

这些自我设限性观念可能来自过去的经验、媒体或是你的社交圈。不管这些观念的内容是什么，也不管它们看起来有多真实，重要的是要认识到这些观念只是关于现实的其中一种看法，并且很有可能是错误的。

这种观念可能类似于：

- □ 我经验不足
- □ 我的经验与职位不相关
- □ 我文笔不好
- □ 我总是轻易放弃
- □ 我没有创造力
- □ 我总是失败
- □ 我不善理财
- □ 我不太自律
- □ 我不擅长某个技术

说实话，自我设限性观念可能来自我们对世界、对他人，或是对自己的看法。我们都有自己要面对的挑战。

娜塔莉是我的一个学员。第一次做这个练习的时候，她是疲于照顾两个孩子的年轻妈妈。那时候她刚刚辞去工作，和家人一起搬到一个新的城市。“我的自我设限性观念之一就是认为自己没有足够的精力。”她告诉我，“我做不到，因为我还要抚养两个小家伙。”娜塔莉的另一个自我设限性观念是：“或许我注定是一个普通人，我注定一生无所作为。”

我有一个朋友，在 50 多岁的时候失去了工作。我在这里叫他格雷。时值经济大萧条高峰，他很难再找到新工作。3 年时间里，我看到一种想法在他的头脑里生根。他说：“好吧，我太老了。”他还有两个研究生学位。然后他的想法变成：“我学历过高。”毋庸置疑，格雷的处境很艰难。但是罪魁祸首并不是他的年龄或学历，而是他看待年龄和学历的观念。

无论你怎么看待自己正在面临的挑战，都不要放任这些思绪成为空中楼阁。将你面临的挑战写下来，这是很有帮助的。通过文字表达，可以将观念客观化，然后就可以对其进行评估。

第二，质疑自我设限性观念。这个步骤适用于评估现有的观念是否真实准确。我们深信不疑的事，很多是主观臆断的结果。我们对于某些事可能略知一二，但这些事与我们原有的认知体系之间产生的联系，却往往来自天马行空的想象或是没有依据的假设。如果我们能够客观地审视自己的观念，很多假设就会土崩瓦解。现有的观念是否对自己有益，这个问题值得我们深思。这种观念能让你得到想要的结果吗？还是会阻碍你的行动？

“看到那些文字，我感到很难受。”娜塔莉承认。如果她不把自我设限性观念写下来，这种观念就会一直束缚她的思维。通过将其外化，她就能够坦然面对这种观念。其实你也和娜塔莉一样，解决的办法就是在叙述中寻找事实。事实是客观的、明确的、经得起验证的。事实不是情绪，不是意见，也不是结论。写下自己的故事，就可以从中寻求客观诠释、前因后果、共性特征，甚至发展规律。要想为更好的新观念搭建基础，“写”就是关键一步。

人们有时候会沉浸在自我设限性观念中，就像前文提到的查理。可能自我设限性观念能够给我们一种确定感，也可能是让我们感觉到戏剧性或是存在感，因为我们总以为自己足够了解世界。但千万不要沉溺其中，诚实的自我评估是通往自由的关键。

第三，构建新观念，为自我赋能。如果一种自我设限性观念明显是错误的，你大可直接摒弃。有时这意味着将消极的看法转化为积极的解读，或是像上文我个人的例子一样，从自我设限性观念中跳脱出来。这也是娜塔莉的做法。“看到自己写下的自我设限性观念，我意识到这些观念似乎来自某个黑暗处。” 她说，“这不是我。这些东西似乎来自异界。当我写下这些观念的对立面，即自我开放性观念，我能够发现自己积极的一面，开始尝到自信的滋味。看到相信自己会有什么样的希望和可能，这种感觉非常好。”

然而，有时候构建新观念并不简单。很多自我设限性观念都包含了一些真实的成分，也正因如此，我们才会对它们深信不疑。但这些真实的成分并不是事实的全部。就算某种自我设限性观念基于事实而产生，或有真实的成分，我们也不必束手就擒。故事永远都可以重构和改写。你需要收集自己成功的实例，就像鲍勃·戈夫为唐纳德·米勒做的事一样。鲍勃带走了唐的自我设限性观念（“我不擅长恋爱”），作为交换，鲍勃给唐带来了一个自我开放性观念（“我擅长恋爱”），并且用唐的亲身经历证明了自己的观点。

媒体的负面影响是自我设限性观念的另一来源。没错，每天都有很多不好的新闻，但这只是事实的一部分。不管专家们如何批判，各方面的数据都显示世界上很多领域都在进步：

- ☐ 世界预期寿命持续延长
- ☐ 女性薪资持续增长，取得大学文凭的女性数量持续增加
- ☐ 每年的工作小时数持续下降
- ☐ 民主国家数量持续增加，独裁国家数量下降
- ☐ 世界上的受奴役人数持续下降
- ☐ 暴力犯罪持续减少
- ☐ 战争持续减少
- ☐ 全球树木数量持续增长
- ☐ 自然灾害导致的死亡数量自 20 世纪 60 年代起大幅下降，并保持在较低水平

诸如此类，不胜枚举。

格雷认为年龄是他找不到工作的原因。我向他指出，资深员工常常拥有令雇主垂涎的资本，包括生活经验、智力资本以及深层社交网络，这些资本都非常吸引企业。杜克大学和哈佛大学的研究人

员发现，年收益超过一百万美元的创业公司创始人的年龄中位数为39岁。“50岁以上的人是25岁以下人的两倍。”这个研究团队的领导人维韦克·瓦德瓦说，“在一个后续项目中，我们对12个高成长行业中的549名成功企业家的背景进行研究，发现男性创始人的平均年龄和人数最多的年龄是40岁，并且有很大一部分男性创始人年龄在50岁以上。”可见年龄是一种优势。

年轻也同样有其优势。在职业生涯早期，我觉得自己太年轻，很难成功，我也总是听到人们说类似的话。但年轻是一个好借口。在我指导过的学员中，一些最有活力、最高效的管理者或企业所有者也只有20多岁或30多岁。我稍后会继续讲述娜塔莉的创业故事，她的情况也相似。我的另一个朋友还不到30岁，就拥有价值数百万美元的在线资产，拥有的便利店和加油站加起来接近100家。如果你认为年龄是个问题，说明想象力正在拖后腿。认为自己在事业中成功的潜力由年龄决定，这是一种自我设限性观念。我们赋予年龄的意义完全是主观武断的。

如果我们不停地思考什么不对，就会忽略什么是对的。这种习惯会屏蔽我们的视野，导致我们看不见周围的机会。可能你会想：“我不是注重细节的人。”好，那么注重细节对你而言是必要的吗？你可以就此接受现实，也可以重构观念，说：“我不是注重细节的人，但我总是能够和注重细节的人合作，或者外包细节工作。”

如果你本来认为“我年纪太大，不能得到那份工作”，现在你可以说“我的经验比其他求职者丰富”。相反，如果你认为“我资历太浅”，现在你可以告诉自己，“我比其他求职者精力充沛，对工作更有热情”。不同的思维会带来不同的面试表现。旧的观念阻碍你前进，新的观念为真正的进步提供了立足点。

刚开始，你可能还不能完全接受新的观念。没关系，先尝试。如果你不断告诉自己一个真理，你最终就会适应它，相信它。着手“处理”，不代表自我设限性观念会立刻消失，持续性投入关注必不可少。当我们处于下坡或低谷的时候，这些观念可能又会卷土重来。每当萌生出不利的观念，就要立刻提出质疑，进而构建一种能够赋予自己能量的观念。

这里顺势提出我们的第四个步骤：用观念指导行动。如果新的计划没有落地，上述所有的步骤都是纸上谈兵。

你的自我设限性观念是什么？
What Are Your Limiting Beliefs?

现在我问你：你的自我设限性观念是什么？可能是对世界、对他人，也可能是对自己的自我设限性观念。是什么样的经历或期待让你没有过上自己想要的、本来应该拥有的生活？

升级你的观念，是进入最好的一年的第一步。下一步就是在过去的经历中寻找解决方案，更加自信地走向未来。

行动计划 第 1 步

1. 认识信念的力量

如塞尔维亚维托夫尼卡修道院的僧侣撒迪厄斯所言："我们的想法决定我们的生活。"无论是积极的信念还是消极的信念，都会对生活经历产生巨大影响。明白这个事实，是进入最好的一年的第一阶段。

2. 直面自我设限性观念

我们都会有对世界、他人、自己的自我设限性观念。下面是 4 个检验你是否陷入自我设限性观念的指标，即你的观点是否由以下思维形成：

- 非黑即白
- 主观化
- 小题大做
- 普遍化

识别自我设限性观念的一个技巧，就是留意自己的语言。还有很重要的一点，就是要识别出自我设限性观念的来源，即你的自我设限性观念是来自过去的经验、新闻媒体、社交媒体，还是负面关系。

3. 观念升级

拿出笔记本或日记本，画 3 条线，将一页纸分成 4 栏。现在我们开始用 4 步法将自我设限性观念替换成自我开放性观念。

识别自我设限性观念。升级观念要从认识观念开始，因此，首先要仔细思考阻碍你前进的观念。在最左侧的一栏简要写下你的自我设限性观念。文字表达有助于将观念具象化。

质疑自我设限性观念。评估这个观念对你的作用。这个观念和事实相符吗？这是对当前处境的唯一解读吗？它赋予你力量了吗？对你实现目标有帮助吗？它是真实的吗？找到这个观念的漏洞，写在中间栏。

构建赋予自己力量的新观念。有些自我设限性观念是可以直接推翻的。试着用积极的态度重新解读曾经消极的观念。有时候你需要找到具体的事例来推翻这些观念，或是从更为有利的角度来审视当前的障碍。在追求目标的过程中，想一想什么才是更真实，或更有帮助的？在第三栏中，针对过去的自我设限性观念，写下自我开放性观念取而代之。

实施新策略。最后，根据刚才思考的结果，制定接下来的行动方案。你将如何前进？

STEP 2

总结过去

Complete The Past

记得电影《大人物拿破仑》里的里科叔叔吗？他人到中年一事无成，但在听说拿破仑邮购了时光机后，他开始回忆过去：“啊，真希望可以回到过去。我本来可以拿州冠军的。”

因为没有机会在高中橄榄球赛中取胜，他一生都耿耿于怀。“教练应该在第四节让我上场，我们本来可以成为州冠军的。”他说，“我觉得没问题。”

人们都会陷入同样的困境，我们自己也在某种程度上处于这种困境中。除了自我设限性观念，第二个最常见的障碍就是过往的经历。我们把过去绑在身上，就像拖着一辆载满了破旧家具的拖车。因为我们太受制于过去，所以不能充分考虑未来。

究其原因，就是我们的行动总是受个人经历左右。如果要前进，就必须彻底终结过去，我称之为“总结过去”。这是有可能做到的。成功和失败，我们都经历过。但正如心理学家本杰明·哈迪所说：“你的过去已经成为故事了。这个故事将极大地影响将来的你，但如何理解这个故事，是由你自己决定的。”

如果我们能摆脱稀缺型思维，转而用富足型思维来看待过去，我们就能够重新编排过去的事件，使这些过去为我们所用（至少总体上如此），而不是（彻底）成为我们发展的阻碍。当我们做到了这一点，就会带着更多希望和期待向未来出发。反之，如果我们一味强调过去错付了真心，错失了良机，强调过去接连遭受挫折，就只会在这些故事中确认我们没有能力获得成功，这样的故事不会带给我们力量。

我不希望这种情况也发生在你身上，否则这种心态将成为你未来一年的阻碍。STEP2 将告诉你这个问题应该如何解决。

4

后向思考
Thinking Backward Is a Must

没有后视镜，我们就不能驶向未来。

——马歇尔·麦克卢汉

永远只把过去最宝贵的财富留下，把最坏的留在过去，然后向未来前进。

——鲍勃·迪伦

我职业生涯的大部分时间都在出版业度过。营销、编辑、管理，出版业的工作我几乎都做过。我甚至还做过文学代理和艺人经纪人。我的一个客户名下有很多非常成功的项目，我和我的商业伙伴希望能和他达成一笔新的大额交易。

我一整年鞍前马后，把重心全都放在了这个客户身上。在把他的新书介绍给出版商之前，我和伙伴为这名客户安排了历时 90 天、覆盖 30 个城市的巡回宣传。巡回宣传的效果令他很满意。每天晚上现场都有 500 到 2,000 人。宣传结束后，我和我的团队都已经筋疲力尽，但一切都是值得的。宣传成果引起了出版商的注意，出版商希望以每本书一百万美元的价格购买这名客户两本书的优先出版权。我们的高投资终于取得高回报了。

我们把这个消息告诉了客户，期待着他的热烈回应。但我们迟迟没有收到答复。那边是一片沉寂。有什么事发生了。通过几周的不断尝试，我终于收到了回复。我收到一份文件，满篇都是法律术语，意图很明确——在即将达成有生以来最大一笔交易之际，我被解雇了。

我为这名客户争取的是一笔巨额交易，这却让他觉得自己可以得到更多。另一名经纪人承诺能给我的客户带来更大的收益，他便和他签了约。此时我孤立无援，整整一年的投资都打了水漂。我意志消沉，魂不守舍，事业似乎走到了绝路。

后向思考
Backward Thinking

总结过去是设计未来的一个关键部分。正如著名心理学家丹尼尔·卡内曼和戴尔·米勒所言:“推理不仅仅是前向的，还是后向的，即通过经验得出与之相关的记忆或思考。”心理学家将这个过程称为“后向思考的力量”。要规划最好的一年，就要利用这种后向思考的力量。

如果不愿承认过去，过去就不完整。一个朋友曾告诉我：**“如**

果我们不能记住一次经历，这次经历就是不完整的。”我们不能无视一次经历，或是希望这段记忆消失。不管我们在过去的 12 个月里经历过什么，都必须处理这些经历。如果采取无视的态度，不好的事就会重现。怎么重现？有时候我们沉浸在自己的过去里，而这些经历对我们的发展毫无帮助。有时候我们用怨恨来解释自己的行为。有时候我们因为受到某种怠慢或忽视而怀疑自己的价值。**如果不寻求解决办法，我们就会把过去遗留下来的东西带到未来，破坏我们对未来的精心设计。**

在开始下一步之前，我想强调一件事。以下方法的目的是帮助你处理过去的失意和挫折，并不是针对重大创伤。有些人可能遭受了重大打击，甚至经历过灾难；可能婚姻失败，失去了爱人；可能经历过一起事故、一场疾病、一次暴力袭击，或是生意失败。如果你不能妥善应对创伤性事件，这些事件就会持续对你产生消极影响，甚至让你的未来变得很糟糕。

我们可以后向或前向思考。后向思考让我们学习、成长，促使未来取得更大进展。

接下来的内容只能为你提供有限帮助。如果有需要，你也可以寻求如心理治疗师等外部帮助。如布琳·布朗所言，那是一种“纯粹的勇气”。对于我们而言，列出过去的挫折并对其进行处理就已经足够了。还有一点要说明的是，除了分析挫折，我们还要分析成功的经历和取得的成就。关注事情在什么样的情况下进展顺利，也是至关重要的。正如鲍勃·迪伦所说，我们要带着过去最宝贵的财富走向未来。

事后回顾
The After-Action Review

美国军队有一种后向思维方法，叫作事后回顾。事后回顾方法于 1981 年形成以来，美国军队一直使用其来提高军队水平。事后回顾会对每次事件进行分析，目的是了解发生了什么，为什么会发生，以及探讨改进措施。很多公司都会使用这一方法，我们也可以。这种后向思考将为你建立一种思维框架，为计划未来以及体验最成功的一年做准备。

玛丽莲·达林、查尔斯·帕里以及约瑟夫·摩尔在《哈佛商业评论》中对事后回顾方法进行了研究。这项研究以在加利福尼亚州的沙漠进行的模拟战斗为例。以下将对战双方称为 1 组和 2 组。1 组是一个顶尖团队，几乎没有被打败过。1 组的任务是通过营造逼真的战斗场景来帮助 2 组训练。但在这次模拟战斗中，2 组准备了一个难以预测的进攻计划。结果 2 组在战略和火力上都压倒 1 组，一举攻破了 1 组的防守。

那么，教员有没有因为战败而羞愧难当、垂头丧气呢？并没有。相反，他们进行了一次事后反思。他们分析了训练过程中的成功之处与失败之处，并探讨了改进策略。事实上，1 组指挥官将这次模拟战斗称为对即将到来的战争的一次“成功演练”。为什么事后回顾如此重要？因为总结过去是为了走向未来。正如《哈佛商业评论》的作者所言，事后回顾是“连接过去与未来的一个真实的、普遍的过程”。

接下来我会把事后回顾方法拆分为 4 个关键步骤。每个步骤有几个问题，建议你准备一本笔记本记录答案。文字记录是发挥后向思考杠杆效应的有力工具。加利福尼亚大学研究员索尼娅·柳博米尔斯基、洛里·索萨和雷尼·迪克胡夫在研究中指出，“用文字记录或口头描述处理负面经历的受试者，相对于单纯思考负面经历的受试者，表现出更高的生活满意度和身心健康程度”。准备好开始了吗？

步骤 1：陈述理想结果

State What You Wanted to Happen

在军事上，这个步骤简单明了，理想结果就是完成作战计划。在我们身上可能就是上一年的计划表。也可能理想结果并不是那么具体明确，只是一个希望、一个梦想，或是没有说出口的期待。

首先问问自己，**怎么看待现在这一年。你的计划是什么？梦想是什么？如果你有具体的目标，这些目标又是什么？**不要只关注一两个领域。记住，我们的生活包括 9 个相互关联的领域：生理、思想、精神、爱、家庭、社交、财务、事业，以及爱好。首先，明确自己对这 9 个领域有什么期望。在本章开头我自己的例子中，我希望提升客户的知名度，增加出版商对他的需求，以及达成当时职业生涯中最大的一笔交易。

布莱克曾经是我的学员。他打算搬到纽约，找一份新工作，投入一段长久的感情。但还没有开始行动，生活就变了样。他在纽约旅行的时候，女朋友向他提出了分手。当时是周一。周三，他的邻居打电话告诉他，一棵树倒在了他的房子上。“幸好没有人受伤。”布莱克说，“但我的房子被列为危房。”如果这还不够，还是同一周，他妈妈打来电话，说她卖掉了自己的房子——这又是一次情感上的打击，因为布莱克在那所房子里长大，对那里有许多依恋。“我本来打算追随一个女孩来纽约，开始新事业，但我现在单身、无家可归，还失去了童年的家。”布莱克说，“如果这一年是一场电影，名字应该叫《措手不及》。”

你可能会产生共情。如果思考每个领域的理想结果引起你的不适，也无须感到诧异。从以往客户的经验来看，你可能会有强烈的情绪波动。有人失落，有人激动，有人悲伤，有人愤怒。“目标失败、健康问题、人际冲突，我还有很多感情包袱。”另一名学员雷说，“我从未经历过在‘总结过去’练习中那样的情绪变化。”

当然，每个人的情况都不一样。有些人会为自己上一年的表现感到兴奋。如果你没有感受到任何强烈情绪，也是正常的。重要的是在完成这 4 个步骤时，要清楚自己的感受。

步骤 2：承认实际结果
Acknowledge What Actually Happened

在陈述理想结果时，你可能已经意识到了差距。你想从洛杉矶开车到新泽西，车子却在阿肯色州抛了锚。理想和现实之间总有差距。你可能还有一些目标甚至很多目标没有实现。所以问问自己：**你在过去的一年中有什么失意或遗憾？**

对于让我们感到痛苦的记忆，我们往往会选择忽视或忘记。正如记者卡瑞娜·科卡诺所言：“悔恨的意义不是让你改变过去，而是让你更好地思考现在。”你不应该无视这些经历，或是装作这些经历无关紧要。因为这样你就无法在当下采取有意义的行动。下一节我们会回到遗憾的问题。我将展示一些能够促进个人成长和职业发展的研究成果。现在你只需要写下过去一年中的失意，然后着手处理这些事。

再问自己一个问题：**有没有经历过你觉得自己应该受到认可，却没有被认可的时候？**学员詹姆斯认为这个问题很有意义。“我的很多自我设限性观念都来自过去失败的经历。”他说，“的确，这些都不是什么严重的失败，但是我当时的心态就是‘我失败了，我失败了，我失败了’。在很多没有被认可的时候，我都对自己说‘一定是你做得还不够好’。”后来他学会了重构观念。“不。”他告诉自己，“你不被认可是因为你没有找到自己正确的位置。”意识到这一点后，詹姆斯重新找回了自信，并迎来了一次重要的职业变动。

类似的故事也发生在我们所有人身上。可能你是一位单亲妈妈，努力工作，独自抚养孩子，每天都要克服各种困难。或者在你真的很想放弃一段婚姻的时候，勇敢地选择坚持下去。又或许你的日程很满，但还是决定留出一部分时间用于锻炼。我们希望他人看到并认可自己的努力，但并没有人认可我们。承认这一点，就已经获得了一种精神力量。

这还没结束。现在问问自己，**在过去的一年中，什么事情让你感到最自豪？**总结过去不仅包括处理失败和失意，还包括认识胜利、庆祝胜利。不仅要关注什么事情不成功，还要关注什么事情成功，分析是什么信念或什么行动带来了这种成功。

我们常常以为分析成就不重要。恰恰是这种分析对认识自己的力量以及总结过去战胜困难的方法很有用，同时也会增加我们对未来的信心。这里说的成就，可以是你跑了一万米，或者是跑完了半马，又或者是工作或婚姻中某个里程碑式的事件。可能是你终于取得了学位，或者偿还了助学贷款。可能是你开展了一项新业务，可能是你出色地完成了销售目标。不管是什么样的成就，认识到自己过去一年的成就至关重要。你会发现你取得的成就超乎自己的想象。

我在 STEP1 中介绍过的学员娜塔莉，说这个练习对她起到了“至关重要”的作用。通过分析在上一份工作中为他人带来的积极影响，她感到自己获得了新的力量。“我发现自己做过一些非常好的事。”她说，“认识到这一点让我自我感觉非常好。我不远万里来到新的城市，开始新的人生，也是很好的事。我为了家人辞去了曾经热爱的工作。很庆幸自己能够静下心来庆贺自己的成就。”

接下来，问问自己，**过去一年的经历——不管是好是坏——对我可以起到什么积极作用？**从这个问题开始，我们就可以有意识地重构过去的经历，将这些经历改写成赋予我们力量的故事。我并不是让大家无视真实发生的挫折、伤害或失落，而是让大家赋予这些经历积极的意义。我们对过去的定义和过去实际的经历同等重要，甚至重要得多。

“当你以消极的方式看待过去，”本杰明·哈迪强调，“你的目标会与过去相呼应，你会基于过去的经验设定目标。这样，你就只敢设定短期的目标，并且以规避问题为导向，试图逃避当下的痛苦。”另一方面，他说：“拥有一个积极的过去，很大程度上并不取决于实际发生了什么……你对过去事件的解读，决定了你的过去对当下、对未来的自己的影响。”

梳理任务将有助于你完成这个步骤。**有没有哪几个任务是反复出现的？**可能会是独立的单词、短语，甚至是完整的句子。对我而言，过去一年的成就是在保证高利润的同时保证了高产量。我不仅和女儿梅根一起发行了新书，还腾出了更多时间用以写作及指导客户。适当的休息和放松是保证高生产力的前提，这对我而言很重要。这只是我个人的情况。可能你的任务是在经济不景气的时候做出艰难的决定，或者是扩大规模，发展新业务，又或者是挽回了一段感情。每个人都有自己的故事。

步骤 3：从经验中学习
Learn from the Experience

让我们回过头来看本章的第一个故事。在我即将做成有生以来最大一笔交易的时候，我的客户解雇了我。我受到了重大打击。我自认为工作非常出色，和这名客户之间也有长期的合作关系。我一整年奔波劳碌，只为这一个客户服务。但我的努力并没有打动他，他想要更大的天地，我给不了。所以他选择了别人，没有商量的余地。

这次经历虽然屈辱，但也给了我启示。我学到了三个重要的经验。第一，客户（以及顾客）变幻莫测，不能孤注一掷。如果不分散风险，我很可能会再次陷入同样的困境。第二，不能假定今天的胜利一定会被铭记、被认可。我必须不断提升自己。第三，我必须和所有相关方结盟。事实证明，我的客户和他的董事会对我的工作持有不同意见。这 3 条经验在我以后的人生中发挥着重要作用。

你呢？**过去的一年你总结出了什么重要的人生经验？**不从经验中学习，我们就无法成长。西班牙哲学家乔治·桑塔亚纳说过："不能铭记过去的人，注定会再犯同样的错误。"如果你不能总结过去的经验教训，还有一个办法，就是问问自己，你的成就中缺少了什么。可能你缺少了战略规划，你觉得自己本来还能做得更多。可能你觉得自己本来应该多存一些钱，多陪伴侣和孩子，或者应该休假，应该多读书。列出成就中的缺失成分，能够有效帮助你总结过去的不足，思考改进方法。

桑塔亚纳还说过："记忆力是进步的基础。"要记住这些经验教训，就要把你的发现提炼成简明扼要的结论。这样能够把经验转化为智慧，为将来提供参考。

例如，我几年前曾经总结过一条经验："我常常会有一种感觉，这件事已经做到这个份上，我不想放弃，但这件事又不太可能成功。这时候如果我选择继续坚持，最终就能实现目标。"当时这是一条很重要的人生经验，直到现在，当我遇到类似情况时还是会想起它。我还有一条经验："**无须过多考虑结果，只须专心做好下一步**。想做什么就去做，可以。想做什么都去做，不行。"我现在依然在不断地学习。

从经历中提炼经验教训，让经历成为前进的助力。

步骤 4：调整行为

Adjust Your Behavior

如果你的某种观念或行为造成了理想结果与实际结果之间的差距，那么是时候做出改变了。如果听之任之，这种差距只会越来越大。仅仅承认差距还远远不够。如果不改变观念进而改变行为，你的境况就不会改善。

如果我被解雇之后没有调整自己的行为，那么就是白白遭受了不幸。我还会一次又一次地陷入同样的困境中。因此，随着事业不断发展，我吸取教训，避免历史重演，为自己省去了很多麻烦。

我在上文提到，企业常常采用事后回顾的方法来改善业绩。但并不是每次事后回顾都能达到改善业绩的效果。根据《哈佛商业评论》，出现这种现象的原因就是企业没有坚持到最后的关键一步。他们并没有将总结出的经验应用到实践中，因此他们的经验往往只是纸上谈兵。

更上一层楼
Going Forward

虽然刚开始不太顺利，但在完成事后回顾之后，学员雷说这是“整个课程中最有用的部分”。为什么？“我感到很清醒。就像是电脑里同时打开了一千个窗口，而我可以一键关闭所有窗口。事后回顾让我解放了自己。”

我相信你也会有一样的感受。后向思考能让你从过去的经历中成长，构建更好的未来。有效的事后回顾对总结过去大有裨益，但同时也要认识到，过去一年中的失败可能会给未来一年带来机遇。这就是我们接下来要介绍的内容。

5

在遗憾中看到机会

Regret Reveals Opportunity

我的新原则：

不管遇到什么困难，都要耐心等待转机。

——斯科特·凯恩斯《短途旅行》

如果事事皆完美，你就永远不会从中学习，也永远不会有成长。

——碧昂丝·诺斯

在职业生涯早期，我是一个忙碌的经理，渴望在出版行业留下自己的一点痕迹。书就是我的世界，我热爱我的工作。我满腔热血，渴望进步。但工作只是生活的一部分。结婚几年后，我和妻子盖尔有了自己的孩子。不到 10 年，我们就有了 5 个女儿。你也知道，生活可以很疯狂。

养活一个 7 口之家需要背负巨大的经济压力。加上我与生俱来的野心，生活变成了一杯浓烈的鸡尾酒。我不停地工作，希望可以继续升职加薪。那些年为了养家糊口，也为了增加储蓄，我也做了一些兼职工作。

简而言之，我常常感到不堪重负。不能多花时间陪伴家人，让我很愧疚，也常常感到身心俱疲。工作的风险很高，但家庭的风险更高。虽然经历了几次企业危机，我还是坚持下来了。但最后我发现我和女儿们越来越疏远，盖尔有时候也感觉自己像是一个单亲妈妈，我的工作抢走了她的丈夫。

当我意识到对工作的专注给家庭带来了伤害，悔恨就像一枚巨大的炸弹，突然在我胸前爆炸。你也很可能在某种程度上感受过这种悔恨。

丹尼尔·平克认为，遗憾是“认知程序”的一个部分。近期，平克主持了一项关于遗憾的大型研究。他的研究团队向 4,500 名美国人询问了许多问题，其中一个问题就是询问受访者后悔“应该那样做而不是这样做”的频率。

“只有 1% 的受访者表示他们从来都不会这样想。”平克说，“表示很少这样想的人只有 17%。”但真正令人惊讶的是有很多人对过去怀有遗憾。“大约 43% 的受访者表示他们经常有这样的想法。”他说，“总的来说，表示至少偶尔会有这种想法的受访者，比例高达 82%。这就意味着美国人感到遗憾的频率比剔牙的频率还要高。”

文身针没有自动更正功能
There's No Autocorrect for Tattoo Needles

在我年轻的时候，只有飞车族、囚犯和水手才会有文身。这种情况在过去几十年间发生了巨大的改变。我住在田纳西州那什维尔附近，出门总是能看见各类精致复杂、色彩斑斓的文身，或是完整地展现在眼前，或是从衣领、衣袖或裤腿中露出来。其他地方也是一样。最近的哈里斯民意调查显示，接近三分之一的美国成年人有文身。在我家，这个比例还要更高。我 5 个女儿中的 3 个都有文身。

目前为止，我的女儿们还很喜欢自己的文身。大多数人也喜欢自己的文身，但后悔的人也不少。四分之一的人都会后悔文身。因为冲动只在一时，文身却会保留一世。除此之外，并不是每个文身师都是米开朗基罗，文身针也没有自动更正功能。以下是一些文身失败的例子：

"Never Forget God isint Finished with me Ye"（主与我同在。正确的写法为"Never Forget God isn' t Finished with me Yet"）

"Everything happends for a reason"（存在即合理。正确的写法为"Everything happens for a reason"）

"Life Is a Gambee So Take the Chance"（生活是一场赌博。正确的写法为"Life Is a Gamble So Take the Chance"）

"No Dream Is To Big"（梦想从不遥远。正确的写法为"No Dream Is Too Big"）

“Keep Smileing”（保持微笑。正确的写法为“Keep Smiling”）

“Regret Nohing”（从不后悔。正确的写法为“Regret Nothing”）

根据哈里斯民意调查，文身效果欠佳是人们后悔文身的主要原因。我曾经在一个网站上看到过 900 多个失败的文身。难怪洗文身是现在世界上发展最快的整形技术。也难怪失败的文身就是悔恨的象征。

布琳·布朗在为她的新书《成长到死》进行以遗憾为主题的调查时，朋友发给她一个类似的例子。詹妮弗·安妮斯顿主演的电影《冒牌家庭》中的男友就是父母们的噩梦。他自豪地向别人展示他的“No Ragrets”（没有遗憾。正确的写法为“No Regrets”）。“这是一个很好的隐喻。”布朗说，“如果你没有遗憾，或者你有意要让生活没有遗憾，你就会错失遗憾的价值。”

价值？**大多数人在总结过去的过程中都会面临一个挑战，那就是失败感。**失败感不是文身，它与生存有关。只要你还活着，你就能想到自己至少在一个方面落后于人。再加上一点“后向思考”，你就可能会想到十几个方面，甚至几百个方面。这可能会让你很失落，但这不是什么悲剧。

有些人可能很难理解遗憾到底有什么价值。遗憾的价值在我们的文化中往往会被忽略。遗憾带来的痛苦是真实而强烈的。我们往往希望能够从痛苦中快速走出来。因为遗憾停留的时间太短，所以我们享受不到遗憾带来的好处。这是我们的损失。在最好的一年开始之前，我们可以在遗憾中发现隐藏的机会。只要以正确的方式看待，遗憾就是来自上帝的礼物。密歇根大学心理学家珍妮特·兰德曼在她一本有关遗憾的书中说过：“处理方式决定一切。”

遗憾的作用
The Uses of Regret

讨论遗憾的作用之前，先来看看一种普遍但无用的遗憾方式：自怨自艾。“‘我失败了’和‘我是一个失败者’看起来似乎没有太大差别。”布朗说，“但实际上二者相去甚远。”如果我们关注的重点是自身，而不是我们的表现，那么就更难取得进步，因为进步并不是我们关注的焦点。

例如，你对你的孩子或朋友发了脾气，或者因为你搞砸了一份报告，公司失去了一个重要客户。你可以自我批判，这可能会给你的朋友和同事些许安慰，但对你未来的行为起不到任何实际作用。知道自己犯了错，不仅应该弥补当前的错误，还要避免在未来重蹈覆辙。

更严重的是，自我审判式的遗憾不仅不能改进我们将来的表现，还会变成脑海中不断累加的证据，一步步地证实我们被自我设限性观念所束缚，更不用说还有证实偏差的作用。我们难免犯错，所以一旦相信“我是个失败者”，你就永远都会有新的证据来证实这个观点。每一个新的例证都会进一步印证你的想法。往往我们越相信什么，就越会发生什么，所以你会一次又一次地得出相同的结论。

如果只是认为“我这次失败了”，你就会开始思考自己的不足，寻求补救的方法。有一句谚语说：“成功来自一次又一次的失败和从不因此而消退的激情。”因为你不是失败者，所以偶尔的失败才会像是一个不和谐的音符，需要你主动去校正。就像当时我意识到工作方式让我疏远了家庭。妻子和女儿对我很重要，比工作重要。但我的行为却和思想不一致。于是我调整了工作方式，改善了家庭关系。

兰德曼总结了遗憾的几个作用。

1. 遗憾为我们提供前车之鉴。这一点可以和事后回顾方法的第三步结合起来考虑。遗憾是一种知识形式，反思自己的错误能够有效避免以后重蹈覆辙。

2. 遗憾为我们提供改变的动力。如兰德曼所言：“遗憾不仅能为我们指出问题所在，还可以激励我们采取相应的行动。”

3. 遗憾让我们更加正直。遗憾就像是道德指南针，在我们偏离正轨的时候为我们提供指引。

这 3 个理由足以让我们改变对遗憾的态度。每当悔恨的炸弹在生活中爆炸，我都能重新分析现状，重新调整轻重缓急。挽救人生中最重要的关系不是件容易的事，但如果不是遗憾起了作用，我可能永远都不会有所行动。我可能不会意识到自己的错误，或者只会抱怨别人没有做好分内的工作。遗憾让我承担起自己的责任，纠正自己的行为，我和女儿的关系得到了极大的改善。但遗憾带给我们的不止这些。

机会原则

The Opportunity Principle

几年前，伊利诺伊大学两名研究人员对人们生活中的最大遗憾进行了排名。尼尔・J. 勒泽和艾米・萨默维尔对多项研究结果进行重新分析，并结合他们的研究，得出最终结果。家庭、财务和健康问题都榜上有名，排行前六的遗憾是教育、职业、爱情、育儿、自我提升，以及休闲娱乐。这些高排名的遗憾和我在前面章节列出的生活 9 大领域紧密相关。如果你的人生质量测评在某个领域得分很低，那么你是个正常人。你并不是特例。

勒泽和萨默维尔提出了遗憾三阶段：行动、结果和回忆。首先我们根据目标采取行动。紧接着我们的行动产生结果。如果结果失败，就会触发遗憾。这时候就会进入第三步，回忆。研究发现，采取纠正措施的机会越大，不满和失望的感觉就越强烈。换句话说，遗憾并不像堵塞的下水管道一样，一边回流，一边渗出令人不悦的记忆。遗憾还指向新的机会和希望。研究人员将这个发现称为“机会原则”。“机会原则”和我们平常的认知几乎相反。

遗憾激励我们采取纠正性行动。研究表明，**当改进的机会最大时，我们感受到的遗憾最为强烈。**如果遗憾造成过重的心理负担，我们就不能发挥出自己的能力。幸运的是，我们的大脑能够通过类似于再构造的过程，为我们减轻负担。这个过程在我们没有希望解决某种问题的时候，作用尤其明显。人类很早就发现了这个现象。这就是“时间治愈一切伤痛”的民间智慧。

我们有时候意识不到，**遗憾的感觉之所以挥之不去，正是因为它预示着有改善的可能。**例如重返校园，改变职业，或者挽回关系。

我的一个朋友珍曾一度和家人断绝联系。她当时有一个控制欲过强的伴侣，她深陷在伴侣的“牢笼”中。对于这位伴侣灌输的设限性观念，她也深信不疑。他说她没有一技之长，无法胜任稳定的工作，她相信了。他说她数学太差，无法管理二人的财务收支，她相信了。他说她的家人对他不满，让她跟家人保持距离、断绝联系，她也相信了。

这些有害的观念一直是她心头的重担。她的假期也总在悲伤落寞中度过。新冠疫情的到来更是给她的伴侣创造了绝佳的条件，让他得以利用她对自己及自身潜力的看法，进一步控制她。当又一个圣诞节过去，珍没有机会跟自己的父母和兄弟姐妹见面，她开始正视自己的遗憾。

一天，在和伴侣激烈争吵后，她拿起电话，本能地拨通了家里的号码。母亲接了电话，珍瞬间泪如雨下。

“心中压抑多年的情感在听到母亲声音的一瞬间都释放了出

来。”珍向我分享她的经历，“别人让我相信，家人是我人生的加害者，让我相信困境是家人造成的。”

回忆起和母亲重归于好的谈话，珍潸然泪下。这次谈话也成为珍结束这段不健康关系的催化剂。珍暂时搬到了姐姐的住所，重新融入家庭。脱离了伴侣的影响，珍发现自己曾接受的自我设限性观念并不是那么难以克服。

珍的做法与丹尼尔·平克给我们所有人的建议完全吻合：向遗憾借力。珍没有选择继续承受遗憾的重压，而是允许遗憾成为推动自己与家人重归于好的动力。珍的故事为我们呈现了运用“机会原则”的效果。我相信珍的遗憾会引起我们在生活或其他领域的共鸣。勒泽和萨默维尔说：“正是在有充分的机会采取积极行动的时候，遗憾才会持续存在。”这可能也是兰德曼把新书的副标题定为“持续存在的可能性”的原因之一。遗憾是机会的有力指标。

是路标，不是路障
A Road Sign, Not a Roadblock

“机会原则”改变了游戏规则。想想你的人生质量测评，你在哪个领域得分最低？是社交生活、业余爱好，还是精神生活？或者职业发展、财务健康？不管是哪个领域，你现在都可以重新认识遗憾的力量。遗憾并不是你的路障，相反，它是为你指引方向的路标。

上文提到，丹尼尔·平克认为遗憾是我们“认知程序”的一部分。遗憾的积极特征真实地存在于我们的神经系统中。我们通过眼睛上方的眶额皮层感受遗憾。如果这部分大脑被损坏，患者不仅会缺少遗憾的感受，而且不能像正常人一样纠正触发遗憾的行为。换句话说，我们会感到遗憾，就证明我们具有在严峻形势中采取积极措施的能力。真正没有希望的，是那些没有遗憾的人。幸运的是，根据平克的研究结果，我们大部分人还是有遗憾的。如果你感觉到遗憾，那就说明你还有机会挽救局面，或至少有机会从遗憾中获得成长。

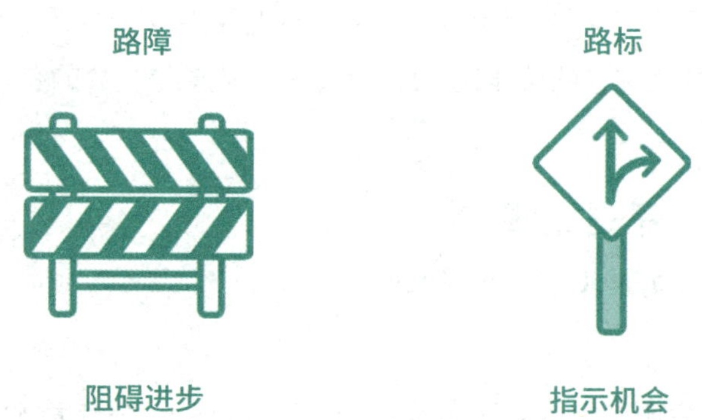

我们可以把遗憾当成阻碍进步的路障，也可以将遗憾视作路标，指引我们走向更好的未来。

“没错，遗憾确实令人不好受。”尼尔·勒泽说，“但遗憾也会强制一个人内省，让人重新评估自己过去做出的假设以及过去的行为模式。”他认为，“深度感受遗憾，接收情绪传达给我们的信息，思考情绪揭示了我们内心最深的何种诉求，并根据这些新的见解迅速采取行动。这就是遗憾的价值。”

过去一年中的失败，会不会指向未来一年的机会？是否遗憾不是在提醒我们什么不可能，而是提醒我们什么有可能？我们不应该将遗憾视为成长和发展的阻碍，而应该将其看作是最渴望的成长与发展的指引。用自我开放性观念替代自我设限性观念吧！

在我们进入下一步时，希望你能继续保持对可能性的信念。接下来我还有一个建议。

6

感恩的作用

Gratitude Makes the Difference

人生因感恩而富足。

——迪特里希·潘霍华

除非你已不复存在，否则世上总有事情值得感恩。

——索尔·贝娄

到 2022 年退休前，杜克大学的迈克·沙舍夫斯基教练（以下简称“老 K 教练”）都在大学篮球教练获胜场数排行榜上位居榜首。他带教的球员曾在 1,200 多场球赛中获胜，取得过 5 次全国总冠军，在其他非全国性的比赛中也多次夺冠。我知道他的秘诀。

2015 年全国锦标赛之前，老 K 教练和他的球员将帮助过他们的人的名字写在一个篮球上。老 K 教练在一次采访中对记者唐·耶格说：“我们告诉球队的成员，在整个锦标赛中，我们都会把这个篮球带在身边，如果有谁给了你今天站在这里的机会，对你具有重大意义，你也可以把他的名字写下来。”球员们不管去哪里，都把这个篮球带在身边。“不管是聚餐、登机、训练，还是更衣，球员们都随身带着这个球。”老 K 说，“有些球员甚至和这个球睡在一起，把它放在自己的房间里。”球队获胜后，篮球上的每一个人都收到一张便条，上面写着：“谢谢。我们走过的每一步都有您的陪伴。”

篮球为球队保存着感恩之情，帮助他们赢得了比赛。为什么？

感恩优势
The Gratitude Advantage

很长一段时间以来，研究人员都对心存感恩和实现目标之间的关系持有疑问。有一种未经证实但广泛存在的观点，就是心存感恩会导致自满心理。“如果我得到的已经足够多，那么我可能就不需要继续努力了。”这样感恩心理就会扼杀目标。如果生活已经足够美好，为什么还要设定目标？研究人员罗伯特·A. 埃蒙斯和安加利·米什拉并不同意这种观点。

埃蒙斯和米什拉进行了一项研究，将感恩组与非感恩组的目标实现情况进行对比。他们要求受试者列出两个月内的目标，并在这段时间内坚持写感恩日记。10 周后，埃蒙斯和米什拉发现感恩组的受试者实现目标的进度比对照组要快得多。埃蒙斯和米什拉说：“感恩并不会导致自满心理。”相反，他们认为：“感恩有助于我们实现目标。”

出现这种结果的原因有几个，都和适应力有关。我见过的所有能够长时间保持高成就的人，都具有强大的适应力。我将这几个原因统称为“感恩优势”。这个理论不仅适用于篮球运动员，还适用于领导者、企业家、律师、牧师、医生等。

感恩给我们带来很多好处，但有一个好处常常被我们忽视，那就是感恩能够增强我们的适应力。

首先，心怀感恩就会心怀希望，进而获得适应力。感恩是一个比较的过程。我们原本的境况是什么样，后来什么事改善了我们的境况。当我们意识到前后境况的差别，就会产生感恩心理。这时我们就会对某件事心存感激。这个过程给了我们重要的暗示：现在的情况可能不尽如人意，但生活还是会越来越好。我们自身的经历也一次又一次地证实了这个观点。正是因为感恩心理，我们才能保持积极乐观，才能在遇到阻碍的时候百折不挠。

前文谈到稀缺型思维，心存感恩就是化解稀缺型思维的良药。感知富足、表达感恩，有助于我们远离稀缺型思维，促进富足型思维的养成。让我们远离查理，成为艾米。

其次，感恩心理让我们感受到自己的力量。前文提到，阿尔伯特·班杜拉教授提出能力的 4 个属性：意图、前瞻、行动，以及内省。而感恩心理能够对这 4 种属性起放大作用，内省的作用尤为显著。让我们感受到自身力量的说法似乎有些违反常理，因为感恩就是感激他人为我们做的事。但这是一个错误认知。他人的馈赠就像是一份没有打开的礼物，我们最终还是要靠自己的能力去接受并利用这种馈赠。

老 K 教练和他的球队把感激的人写在篮球上，如果没有这些人的帮助，球队可能就没有机会参加锦标赛。他们当然懂得如何防守、投篮、抢篮板，但有了自己的努力，加上别人的帮助，他们才能在锦标赛中防守、投篮、抢篮板，最终夺冠。

感恩心理还能够提高我们的耐心和耐力。很多时候，正是因为我们没有耐心，才会选择相对简单的路。但是远大的目标需要耗费大量的时间和精力。我们在遇到困难的时候可能会想着敷衍或放弃。幸运的是，感恩总能让我们坚持下去。

美国西北大学的大卫·德斯特诺进行了一项研究，要求受试者回忆一件令其感恩、高兴或是无感的事，并描述自己的心情。实验结束后，受试者可以选择当场领取报酬，或是在一段时间后以邮件方式接收一张金额更大的支票。汇报心情为感恩的受试者更愿意选择等待。“平均来说，我们将受试者的财务耐心提高了约 12%。”德斯特诺说，“想想如果我们能以这个比例提高人们的储蓄会是什么效果。”

最后，感恩心理能够提高我们的应变能力。感恩让我们变得更加乐观、慷慨、和善、机智，更有创造力。如果被稀缺型思维影响，我们会变得保守、封闭、吝啬、阴郁，甚至刻薄。

研究表明，感恩等积极情绪能够拓宽人的思想一行为集合，扩大脑海中的认知和行为范围。拓展后的思维又会构建个人身体、智力和社会资源的基础，换句话说，就是让我们具有更强的应变能力。心理学家和其他业内人士通常将其称为“扩建理论”。大多数人都能从实际生活中联系到这个理论。当我们心存感激时，能更好地发挥自己的能力，更灵活地应对生活中的起落。

“持感恩心理的人更加关注未来，表现出更好的自我控制力。”德斯特诺引用了几项研究得出结论：“感恩心理和意志力不同，感恩不需要付出很多努力，大家似乎也乐意表达感恩。”类似地，埃蒙斯和米什拉综合多项研究得出结论：“证据充分表明，感恩心理能够提高应变能力，促进个人成长。”

约翰·克拉利克律师就是一个很好的例子。不久前的某年年末，克拉利克可谓内外交困。他住在一间逼仄的公寓里，他的律师事务所濒临倒闭，第二次婚姻也即将以失败告终。而害怕离婚后见不到年幼的女儿，更是雪上加霜。

一次在山中徒步，有一个瞬间让克拉利克顿悟了。他听到一句话：“只有感激你所拥有的，才能得到你所追求的。”这句话听起来很简单，可以说平平无奇。真正改变命运的是他接下来做的事。

那一天，他决定在接下来的一年里，每天写一封感谢信。

这个决定对他的生活产生了立竿见影的效果。他的观念开始转变。他意识到，虽然自己处于低谷中，但还是有非常多幸运之处。随着态度转变，生活也有了起色。他的财务状况改善了，律师事务所的业务也开始蒸蒸日上。一年过去，他的身体和心境都有了显著的改善。这就是心存感恩带来的力量。

感恩原则
Disciplines of Gratitude

不管现在过得好不好，我们都拥有自己的财富，享受着庇佑和恩赐。世界上有很多东西我们虽得不到，但我们应该对已经拥有的心怀感恩。不管我们有怎样的过去，只要怀着感恩的心看待现在，就会发现我们所拥有的比想象中要多得多。感恩能够放大生活中的一切美好事物。感恩是消除稀缺型思维、培养富足型思维的最好方法。

我问过一些成功企业的领导者，如何为实现未来一年的目标做准备。一些领导者告诉我，感恩给了他们优势。有些人说，他们会特地留出时间来感激过去的美好经历。获奖播客主播埃里克·费舍尔告诉我："我喜欢在感恩节的时候，向过去一年中的所有美好经历表示感谢，以及思考如何改变我对负面事物的看法。"

根据研究以及个人经历，我相信感恩对实现目标起着基础性的作用。畅销书《活力巴士》的作者乔恩·戈登告诉我："如果每天都心怀感恩，你就会发现它能带来无限的好处，生活将会出现非凡的变化。”

以下 3 条感恩原则让我受益良多：

1. 每天起床时、入睡前，我都会进行祷告。我不会在每天的开始和结束时思考我没有得到什么，例如睡眠、成就等。相反，我关注的是我得到了什么，并在祷告时表示感激。

2. 我不断练习感激。在陷入无尽的比较之前，我会为自己蒙受的恩赐表示感激。我发现餐前祷告让我每天都拥有几个表达感激的自然时间点。

3. 我在日记中表达感激。写日记有很多好处，表达和记录感激就是其中之一。这种做法不仅能给我带来即时的好处，还有利于日后有需要时进行回顾。

对此，《大善》杂志的编辑杰里米·亚当·史密斯也提出了几条更为深刻的建议。他建议我们：尽情回味正面的经历；感激他人，感激和他人产生的关联；表达感激时要具体，描述越细致，就越能证明你真正感受到了他人的恩情，并且铭记于心；如果事情未能如愿或未能如预期发展，也要心存感激。如史密斯所说，最后一点很重要，因为它“能帮我们将挫折转化为垫脚石”。

如果以上建议听起来像是你母亲会对你说的话，那就说明你母亲的人生智慧和社会学家、心理学家等专家的最新研究结果相符。

史密斯的所有建议都是基于加利福尼亚大学伯克利分校大众幸福科学中心的研究结果提出的。

虽说如此，这种感恩练习也不一定适用于每一个人。如果你现在没有深刻的感激之情，也没有什么不对。常见的原因有几种。一种是你当前的情绪让你很难感恩生活，例如你正在与人争吵，或是处于愤怒或怨恨的状态中。你可以先处理这些不良情绪，或是在这些事情以外寻找值得感恩的事物。

还有一种就是，因某种情况经常出现而导致惊喜和神秘感消失。曾经让我们感到愉悦和惊喜的事，在一段时间后可能会变得平常而乏味。心理学家蒂莫西·D.威尔逊将这种现象称为“愉悦悖论”：我们有过某种愉悦的体验后，为了更多地获得这种体验，就会尝试去理解这种愉悦感。但是在我们理解之后，这种愉悦感就会被削弱。有一种方法可以避开愉悦悖论，威尔逊将其称为“乔治·贝利法”。

在电影《生活多美好》中，乔治·贝利认定没有他的世界将会更美好。这时，天使克拉伦斯向他展示了一条平行故事线，让他看看没有他的世界。贝利发现，如果没有他，世界反而会变得更糟。那么如何将“乔治·贝利法”运用到现实中呢？

威尔逊说：“在我们的研究中，我们让受试者想象自己珍视的某种事物从未出现过。”在一项研究中，威尔逊和他的同事要求一组受试者想象自己从未与现在的配偶相遇、约会、结婚，另一组受试者只叙述自己与配偶相遇、约会、结婚的经历。

“根据报告结果，跟仅叙述经历的受试者相比，乔治·贝利情境中的受试者表现出更强烈的幸福感。”这就是平行故事线的作用。威尔逊说：“想象某种美好的事物从未出现，能够重新感受到惊喜，让这种事物重新变得特别。”

未来是光明的
The Future Is Bright

约翰·克拉利克律师的感悟告诉我们，如果不学会感激你已经拥有的，你就不能得到更多。忘恩负义是导致稀缺型思维的直接原因。感恩让我们远离恐惧感、失败感和空虚感，帮助我们获得成就感、愉悦感和满足感。

我不希望你在规划未来一年时受到稀缺型思维的影响。相反，我希望你能怀着感恩开始新的一年。我在 STEP1 的开篇引用过一句话:“历史不会重演，但总是惊人地相似。”升级观念，总结过去，用一颗满怀希望和感恩的心展望未来，才能改变历史的规律。

为了更好地进行规划,建议先看一看前文关于事后回顾的部分。结合本章提供的思路，审视你对 8 个问题的回答。你也可以先看看前文关于遗憾的部分,也许会激起一些对遗憾的感触。正如史密斯所说，不管我们接下来将面临什么,感恩都会成为我们前进路上的垫脚石。

思考完这些问题，你就已经完成所有准备工作，可以开始规划未来了。

行动计划 第 2 步

1. 事后回顾

事后回顾分为 4 个步骤：

第一，陈述理想结果；

第二，承认实际结果；

第三，从经验中学习；

第四，调整行为。

以下 8 个问题有助于提高事后回顾的效果：

· 我如何看待过去的一年？

· 我在过去一年中有什么计划、梦想，以及明确的目标？

· 我在过去一年中有什么失意或遗憾？

· 过去一年中有没有我认为自己应该被认可却没有被认可的时候？

· 过去一年中最让我自豪的成就是什么？

· 过去一年的经历——无论是好是坏——对我可以起到什么积极作用？

· 有没有两三个反复出现的主题？

· 我在过去一年中学到了什么重要的经验教训？

2. 在遗憾中看到机会

回到上面的第三个问题：我在过去一年中有什么失意或遗憾？采取积极补救措施的可能性越大，遗憾的感觉就越强烈。所以，问问自己，你的遗憾中蕴藏着什么机会。

---

3. 感恩练习

感恩不是一种情绪，而是一种行动。

尝试以下 3 个练习：

- 早晚自省
- 通过感激生活的恩赐练习感恩
- 写感恩日记

如果这些还不足以为你提供帮助，试试“乔治·贝利法”。想想生活中美好的事物，再想想如果没有了它们，生活会是什么样子。

STEP 3

设计未来

Design Your Future

1888 年，乔治·华盛顿·范德比尔特二世在北卡罗来纳州阿什维尔的山林游玩时，决定在这里建造一所住宅。他聘请了两位著名建筑师——理查德·莫里斯·亨特和弗雷德里克·洛·奥姆斯特德——来设计庄园的房屋和庭院。庄园于第二年开始施工。到 1895 年，赫赫有名的比特摩尔庄园基本完工，并首次对外开放。

比特摩尔庄园占地 180,000 平方英尺[①]，被认为是美国最大的私人住宅之一。庄园内有 250 个房间、35 间卧室、43 间浴室、65 个壁炉、各种无价的艺术藏品，还有室内游泳池。每年有超过一百万人慕名前来排队参观。

与此同时，在 2,500 英里之外的加利福尼亚州圣何塞，大家也在排队参观一所与众不同的房子。

1884 年，莎拉·温彻斯特买下一处有 8 个房间的农舍，并进行改造。她在这所房子里不停地施工，施工，继续施工，一直持续到 1922 年去世。她去世时，这座布局杂乱无章的建筑内已有多达 160 个房间，过道错综复杂似迷宫，房屋看不出任何整体规划。在这座温彻斯特神秘屋里，有楼梯，但楼梯却不通往任何去处；有门，但开门却不见任何地方；有美丽的彩色玻璃，却被墙壁封挡；有从地板中间突然打开的窗户，并且还不止一处。1906 年，那边上流社会的宾客正惊叹于范德比尔特的辉煌住所，这边温彻斯特本人就在一封信件中承认："这座房子看起来像是疯子建的。"

但莎拉·温彻斯特并不是疯子。有人说她受恐惧袭扰，在鬼魂的驱使下才有了这样的行为。也有人说她只不过是一个慷慨善良的人，想要保证建筑工人们有工可施、有活可干。且不论温彻斯特的行为出

① 1 平方英尺≈ 0.0929 平方米。——编者注

于何种动机，比特摩尔庄园和莎拉·温彻斯特的房屋之间最主要的区别，就在于设计。乔治·范德比尔特从一开始就有清晰的规划，而莎拉·温彻斯特则没有——就算曾经规划过，后来也逐渐放弃了。这种情况也发生在我们很多人身上。

日常生活由无数变量巧妙排列组合而成：个人愿望、家庭责任、财务状况、职业需求等。我们在不断地构建，但当我们冷静下来思考时，却往往不确定自己究竟在构建什么。回顾过去的一年，我们都能找到自己真正喜欢的部分，但大多数人还是会发现，其中存在一些不能通往任何地方的“门和走廊”。就像我们根本不确定自己在构建什么。

顺其自然不会等来非凡的成就，随波逐流不能到达想去的终点。你只能有意识地去思考自己想要什么，为什么想要，并根据目标制定行动方案。温彻斯特神秘屋没有任何计划可言——它是一位家财万贯的女继承人天马行空的作品——现在成为一处充满神秘色彩的奇景。而比特摩尔庄园则将计划做到了极致，这座奢华的庄园按照详尽的计划建造，今天公众可以从中获取建筑、家具、服装、园艺等方面的知识。

一个是意图先行、目标引路的模范，另一个是毫无设计致使混沌丛生的典型。STEP3 旨在帮助你理清自己的需求，创造理想生活。

读者朋友们，这就是乐趣的开始。

7
目标七原则
Great Goals Check Seven Boxes

不做无目的的思考或行动。没有目的地的旅程注定徒劳无功。

——僧侣马克

大多数人之所以不能实现目标，是因为他们的目标不够具体。

——丹尼斯·沃特利

2002 年，通用汽车公司企图占据美国汽车市场份额的 29%。自 1999 年开始，通用汽车公司就从未达到过如此高的市场占有率。通用汽车对这个目标过分执着，推出了零息贷款等一系列不计后果的促销措施，公司高管甚至把数字“29”别在胸前，以凸显这个目标的核心位置。但他们最终还是失败了，为什么？

通用汽车把失败的原因归结为竞争激烈，尤其是与韩国的竞争。一位高管抱怨：“如果竞争稍稍公平一些，我们的目标就能实现。”但分析师认为，通用汽车为了占据市场份额不惜牺牲营业利润，最终导致目标失败。因为追求不切实际的目标，通用汽车公司最终在几年后破产，向美国政府申请破产保护。

不仅仅是通用汽车，其他组织也曾经陷入类似的目标陷阱，例如美国安然公司。从这些例子来看，设立目标似乎很容易带来和预期相反的甚至是灾难性的结果。但我不这样认为。

我从事目标达成教学已经有相当长一段时间了。我也见证和经历过无数的成功案例。我们不仅可以避开陷阱，还能从目标设计阶段就彻底防止陷阱出现。还记得你在本书开头写下的目标清单吗？本章我们将通过 7 个关键要素，把这些决心、抱负和梦想转化为高能量、高驱动力的目标。在介绍这个框架之前，我先解释为什么要把目标用文字写下来。因为写下目标是规划最好的一年的基础，所以我有必要对其进行说明。

写下目标的重要性
The Importance of Written Goals

一项经常被引用的常春藤盟校的研究认为，表述目标有助于实现目标。可惜这项研究的结果是伪造的。人们得知这个事实之后，就认为把目标写下来的好处也是假的，但事实并非如此。

美国加利福尼亚州多明尼克大学教授盖尔・马修斯不久前进行了一项研究，证实了写下目标的效果。她的研究对象是来自不同国家的 267 名企业家、高管、艺术家、医疗保健专业人员、教育家、律师等各行业精英。马修斯把所有人分成 5 组，并对他们进行了为期几周的跟踪。她发现，仅仅是写下目标这一做法，就能够将目标实现的可能性提高 42%。我个人以及我学生的实际经历和马修斯的研究结论完全一致。

写下目标不是最终目的，这是成功的基础，理由如下：

第一，写下目标让你看清内心的渴求。想象一次没有目的地的旅行。要收拾什么行李？走什么路线？如何知道自己是否到达？所以，确定目的地是旅行的开始，思考目标是写出目标的前提。（你可以去问问文思枯竭的作家，他们之所以无字可写，是因为他们无话可说。）

第二，写下目标帮你克服阻碍。我们把目标写下来，并不是在痴人说梦。在这一过程中，我们动用了自己的智力，经历了处理、分析、检查一系列程序，调动了能动性和控制力。一项发表在《幸福研究》杂志上的研究指出，待办事项清单、日程规划、感恩日记，以及随手记录日常想法，都有助于人们对生活中的挑战形成清晰的认知，思考应对挑战的策略，获得迎接挑战的勇气。

每一个有意义的计划、目标或梦想都会遇到阻碍。从你定下目标的那一刻起，你就能感受到阻碍。但是，当我们写下目标，就会开始做心理建设，开动大脑，有助于我们深刻理解自己的目标，并下定完成目标的决心。这一点我们会在 STEP4 中详细讨论。

第三，写下目标能激励你行动。写下目标只是一个开始。清晰地表达自己的意图是很重要的，但是还不够，更重要的是付诸实践，采取行动。我发现，写出目标并定期反思，能让我快速投入下一步行动中。

第四，写下目标帮你筛选机会。你越是成功，机会就越是应接不暇。这些新的机会很容易让你注意力分散，偏离正轨。这时候唯一的应对方法就是对照自己的目标表来筛选这些机会。分清轻重缓急能有效避免“新奇事物干扰综合征”。

第五，写下目标帮你跟踪进度。看不到进步是一种煎熬，似乎自己劳心劳力却一无所获。但写下的目标就像是高速公路上的里程标志。你可以看到自己已经走了多远，还有多少路要走，知道自己是否已经到达终点。我在 STEP5 中还会再提到 3 至 5 个理由。

如果想从写下目标中收获更多，还需要保证目标符合 7 个原则。你可能已经听说过 SMART 目标管理原则。SMART 是一个首字母缩略词，分别代表 Specific（明确）、Measurable（可衡量）、Action-oriented（行动导向）、Realistic（现实性）、Time-bound（时限性）。这个框架由通用汽车公司在 20 世纪 80 年代初期提出。

后来不断有人对这个框架进行修改和扩展，其中也包括我。我以结果为导向，以最可靠的目标研究为基础，对这个框架进行了调整。下面我将介绍 SMARTER 目标管理原则。

原则 1：明确性

Attribute 1: Specific

SMARTER 目标管理的首要原则就是明确性。水从水管中流过，水管直径越小，水的冲力越大。同样的道理，每个目标的范围要足够狭窄。研究表明，目标越明确、范围越小，我们就越可能投入更多的注意力、创造力、智力以及毅力。

明确的目标对注意力和战略规划起导向作用，也告诉我们精力应该集中在哪里，具体要做哪些事。模糊的目标不能真正起到激励作用。因为即便我们有努力的意愿，也很难找到努力的方向，而明确的目标能够为我们的技巧、能力等提供渠道。

作为人，我们总是幻想自己的未来会是什么样，或者说我们希望自己的未来是什么样。这种现象被称为“幻想实现理论”，一个研究团队深入研究了这种现象。当我们对未来的幻想转化为改变现实的坚定决心，我们就有了实现目标的强烈意愿。然而很多人都陷在一种困局中，也就是对未来有幻想，但没有坚定地执行自己的规划。在这种情况下，我们知道自己想要的是什么，却没有形成采取行动所需的强大动力。研究人员指出一种“局限于对负面现实的思考”的情况，这种情况是最糟糕的。这种情况说明我们心里清楚问题所在，但对解决办法毫无头绪。这就又回到了查理和稀缺型思维的问题，最终的结果就是焦虑、恐惧，还有绝望。

这项研究告诉我们，希望和梦想对实现目标至关重要——前提是它们要与强烈的动机相结合，形成具体的解决方案。仅有愿望是不够的，我们必须将高期望值转化为具体的目标。

几年前，杜克大学的一项研究发现，设立了明确目标的人群在追求目标的过程中动力更足，且积极性呈上升趋势。而目标不明确的人群情况则相反：即使他们已经取得了一定的成果，也会在实现目标的过程中失去动力，积极性呈下降趋势。提高目标明确性的作用比我们想象的更重要，对我们提高执行力和稳定内驱力都有显著作用。

SMARTER 目标管理原则

- ☑ S 明确性（Specific）
- ☑ M 可衡量性（Measurable）
- ☑ A 可行性（Actionable）
- ☑ R 风险性（Risky）
- ☑ T 定时性（Time-keyed）
- ☑ E 激励性（Exciting）
- ☑ R 相关性（Relevant）

写下的目标要明确、可衡量、可行、有一定风险性、有时间限定、有激励性且具有相关性。通过对照上表进行目标检验修正，我们的目标会更易达成。

要制定符合 SMARTER 标准的目标，首先要明确自己想要的是什么。例如，学习摄影。这个目标明确吗？不明确。你究竟想学习摄影的哪一个方面？明确的目标应该类似于“完成摄影网站上的‘摄影 101’课程”。

原则 2：可衡量性

Attribute 2: Measurable

SMARTER 目标管理的第二个原则是可衡量性。换句话说，目标应该有内置标准，你可以用这些标准来衡量自己。可衡量性之所以重要，原因有两个：

第一，你如何判断自己是否已经实现目标？“我今年要比去年赚得更多”不是一个有效的目标。比去年多多少？可能只是薪资轻微上涨，也可能是佣金提高 30%，这两者之间还是有很大区别的。健身也一样，“我要多运动”不是有效目标，因为这个目标是模糊的。清晰的目标应该类似于：我计划每周去四次健身房。**可衡量的目标才能提供成功与否的判断标准。**

第二，你要能够判断目标的进度。如果你的目标是具体的，你就能将整个过程划分为不同的阶段。也就是说，你要能够跟踪记录自己的进步。实现目标的乐趣，有一半就在于不断见证自己的进步。心理学教授蒂莫西·皮切尔说过：“如果我们最困难的目标取得了进展，就会获得最强烈的积极情绪反应。”当我们的进展速度超过预期时，这种积极情绪尤为显著。

当然，衡量的结果也有可能是进展速度落后于预期。但实际上这种反馈也是有积极作用的，因为进度和目标之间的差距会刺激我们重整旗鼓，提高专注度。接收反馈是监控目标进度的内容之一。如一位心理学家所说："接收反馈为目标提供情感上的驱动，使完成目标的过程始终充满情感体验——满意或不满意。"我们可能做得好，也可能做得不好，但如果一开始就没有可衡量的目标，好或不好也就无从判断。

原则 3：可行性

Attribute 3: Actionable

SMARTER 目标管理的第三个原则是可行性。行动是目标最根本的内容，因此在制定目标时，明确主要行动至关重要。

如果我们对目标足够重视，并且希望实现目标时能够保证结果的产出，就需要对接下来的具体行动有清晰的计划。如约翰·杜尔所言："如果你现在有斗志，那你的斗志有多强烈？你的斗志能激励你做出什么行动？"

制定具体计划时，如何才能保证计划的可行性？听起来可能很简单，但我认为最好使用明确的动词来表述计划中的行动。例如，不要用"更""多"等词，最好用"进行""完成""消除"等明确的动词。例如，"写作更有规律"。这个目标可行性高吗？不高。

因为“更有规律”描述的是一种状态。但“每周写两篇文章”或“每天写作 500 字”却是一个高可行性的目标，因为动词“写”直接清晰地指明了行为动作。又如，“更注重健康”，可行性高吗？不高。但如果目标是“每周散步 5 次，每次 30 分钟”，可行性就大大提高了。用确切的语言描述计划中的行动，使行动能够直接指向结果，而结果也蕴含在我们表述目标的语言中。

原则 4：风险性

Attribute 4: Risky

SMARTER 目标管理的第四个原则是，目标必须具有一定风险性。SMART 目标管理原则中的“R”代表现实性（Realistic）。通常我们都说目标一定要切合实际，但如果我们一开始就关注现实性，可能会把目标定得太低。

我在上文介绍过学员詹姆斯。我们刚认识时，他的收入是六位数，但工作不能给他带来成就感。他认为自己的贡献没有得到应有的认可，对企业也不再有使命感。他知道改变的时候到了。他本可以制定一个保守的目标，例如，和雇主协商解决他的问题。但他没有。“我受够了。”他回忆道，“我和老板说不干了。”随后他辞了职，他的目标就是成立自己的公司。詹姆斯家中还有妻子和两个不到五岁的孩子，但他有信心干出一番事业。他做到了，甚至还还清了此前欠下的 30,000 美元债务。

风险成就了詹姆斯。如果当初选择了安全路线，他就不会取得今天的成就。为什么呢？目标理论家埃德温·A. 洛克和加里·P. 莱瑟姆说过："目标难度和个人表现之间存在线性关系。"他们从接近 400 项研究中得出结论，"目标难度最高的实验参与者比目标难度最低的参与者的个人成就水平高 250%"。**挑战使人强大，安逸令人怠惰。**

但是保守的目标还是持续诱惑着我们。心理学家丹尼尔·卡尼曼率先进行了有关风险规避的研究。"我们往往更倾向于避免损失，而不是取得收益。"他说，"人们对失败的厌恶远远强于对成功的渴望。"每个人对风险的规避程度不同。而风险规避也有明显的好处，例如减少困难产生。但是风险规避不利于我们制定目标，尤其是在我们不了解其影响的时候。由于失败会带来挫败感，我们往往会以"现实"的名义制定容易实现的小目标，而一旦我们实现了这些小目标，就会立刻变得松懈。

这里不是说每个人都应该破釜沉舟。但是如果一味追求所谓的"现实"，我们可能就会在无意中触发风险规避的本能，错失原本应该属于我们的机会。我也不是让你去追求不切实际的目标。我们的目标应该有一定的难度，才能激发我们的潜能。我会在接下来的章节中进一步讨论这个问题。

原则 5：定时性
Attribute 5: Time-keyed

SMARTER 目标管理的第五个原则是定时性。定时性可以通过截止期限、频率、开始时间、定时任务或线性目标实现。

例如，如果将目标定为“多读书”，就会缺少紧迫感。这个目标可以 10 年后完成，也可以 20 年后再完成。即使这是我的新年目标，要在今年完成，但具体是今年的哪个时候，仍然不明确。我照样可以推迟这个目标，然后将其置于脑后。但如果我的目标是每个月读两本书，那么这个目标就有了挑战性，也会引起自己更多的关注。截止期限能够激发紧迫感，提高行动力。

又如，“争取 5 个新客户”。什么时候争取到 5 个新客户？“12 月 31 日前争取 5 个新客户”，这就是有时限性的目标。但要注意一点：不要把所有的截止期限都定在 12 月 31 日。

过于遥远的截止期限对执行不利。你心里会想，“我还有很多时间。还有 10 或 12 个月才到截止日期。”**充裕的时间会稀释努力的程度。**同理，时间越紧迫，努力的强度越高，心理学家称之为“目标迫近效应”，截止期限越临近，我们的专注度和效率就会越高。洛克和莱瑟姆在一次现场实验中发现，即便工人的生产时间被缩减 40%，生产量仍然可以达到 100%。新的截止期限大大提高了生产力。我们在制定短期目标时也可以采取同样的方法，压缩单个目标的时间，就可以在有限的时间内做更多的事。但要注意你的承受力，建议每年制定 7 到 10 个目标，每季度最好只有 2 到 3 个截止期限。如果目标太多，注意力就会分散，最终的成果也会大打折扣。

设定截止期限是实现成就型目标的关键一步。但如果是习惯型目标呢？我会在后文进一步解释这两种目标的区别，现在我们先来解决定时方法的问题。对于持续进行的活动而言，截止期限是没有意义的。但截止期限并不是唯一的定时方法，我们还可以利用频率、开始时间、定时任务或线性目标来培养习惯。

“多运动”是一个容易被遗忘的目标。但“从 1 月 15 日开始，每个工作日早晨 7 点到公园跑步半小时，坚持 90 天”却是取得胜利的第一步。这个目标明确了要做什么运动，去哪里做，做多久，什么时间做，什么时候开始做，以及完全养成这个习惯需要多久。

习惯型目标的定时方法提供了触发行动的外部动力。这种方法是有效的。英国研究人员在一次实验中建议参与者通过运动来降低心脏病风险。一部分参与者有运动的意愿，但通常都会忘记执行，这部分参与者的目标完成率不到 40%。这是可以理解的，每个人都有自己的生活。按照实验要求，另一部分参与者的目标是在固定的时间执行跑步的任务，于是这部分参与者的目标完成率超过了 90%，证明定时任务有助于推进目标实现。我将在 STEP5 中介绍行动触发器的使用方法。

原则 6：激励性

Attribute 6: Exciting

SMARTER 目标管理的第六个原则是激励性。换句话说，你的目标要能够唤起你的激情。研究表明，如果我们有实现目标的内在动机，实现目标的概率就会大大增加。外部动机在一定时期内有效，但如果制定的目标不能激发我们的内在动机，我们很快就会失去执行目标的兴趣。

这就是詹姆斯在上一份工作中遇到的情况。詹姆斯的目标是别人制定的。“这是个大问题。”他说，“我陷在别人为我设计的目标中，我从未静下心来自己设计目标。”后来他终于决定重新掌控自己的命运：“最大的改变，就是我的目标不再是我的负担，而是成了我的动力。”所有的改变都可以归结为一个原因：他设立了具有激励性的目标。

我的另一位学员在完成目标时遇到了困难，她的目标是把自己的小公司的会计资料补充完整。这个目标重要吗？重要。有激励性吗？对她而言没有。所以她很难保持动力。我们也一样。

芝加哥大学布斯商学院的阿耶莱特・费斯巴赫和凯特琳・伍利对新年目标进行了研究。她们首先要求实验参与者评估新年目标的乐趣级别，然后在几个月后跟进。结果显示，乐趣级别是成功概率的关键预测指标。但正如爱丽丝・G. 沃尔顿在《布斯评论》上发表的评论所说：“通常人们制定目标的依据都不是个人喜好，而是重要程度。”费斯巴赫认为，“制定自己认为重要的目标没有问题，但尽量不要完全抛弃自己的喜好。新年目标不要选那些你不想做的事，因为不想做就是失败的前兆”。沃尔顿则认为，“你要深入挖掘自己的内在动机”。

找到自己的兴奋点。如果你的目标不能让你感到兴奋，在遇到困难的时候，或者沉闷乏味的时候，你就找不到坚持下去的动力。这个时候要对自己诚实，问问自己：这个目标能激励我吗？我能用心对待这个目标吗？我愿意为这个目标付出努力吗？你甚至还可以问问自己，是否觉得这个目标有趣。每年我都会保证至少有几个目标符合有趣的标准。我们会在下一节重新回到这几个问题。记住，我们的目标是具有风险性的，所以我们中途可能会想放弃。而具有激励性的目标才能够激发我们的内在动机，让我们坚持到底STEP4 将进一步讨论这个问题。

原则 7：相关性
Attribute 7: Relevant

SMARTER 目标管理的最后一个原则是相关性。有效的目标与生活密切相关，相关性就是目标与实际生活的统一性。之所以把这个原则放在最后，是因为你可以在将目标付诸实践之前，用相关性原则对其进行检验。通用汽车公司就是败在了相关性上，如果不够小心谨慎，我们可能都会在这一点上出错。

要想实现目标，就必须先保证我们的目标与生活的合理需求相一致。如果你是需要照顾孩子的年轻父母，你的目标和空巢老人或者在校大学生的目标就大不相同。根据你的个人情况，你现在或许没有进入医学院学习的可能，或许一到周末就纵情吃喝的习惯会给你的家庭带来不必要的经济负担。无论如何，你的目标必须和你的实际情况及真正兴趣相关。

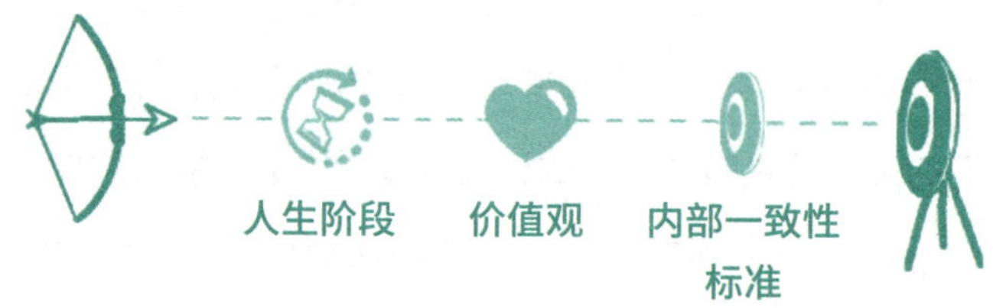

当一个目标符合你的人生阶段和价值观，具有内部一致性，那么成功的机会就大大增加。

你的目标还必须符合你的价值观。这一点本来不言自明，但是有时候我们会迫于外界压力，设立一些违背个人价值观的目标。这种外界压力可能来自社交、职业等。我们要避免过分在意他人的看法——尤其是在涉及自己价值观的时候。

最后，你还要保证不同目标的内部一致性。所有的目标必须是一个和谐的整体，互相矛盾的目标只会导致纠结和失望。自我拉扯带来的更多是焦灼，而不是进步，这可能也和目标数量过多有关。

新闻工作者麦克·盖尔在其回忆录《待办清单》的开头写到，在 36 岁生日时，他感到自己的一生还有太多事情没有完成。所以他制定了一些目标，准确来说，是 1,277 个目标，后来他一共实现了 1,269 个目标。但这个故事的戏剧性在于故事主人公在追求目标期间的种种疯狂行为，他的妻子不得不忍受他的疯狂举动。在我看来，旁观一场闹剧是种乐趣，而亲历这场闹剧就不那么好受了。

因此，你的年度目标最好限制在 8 个以内，并且保证这些目标与你的生活、价值观和个人理想保持一致。这样，你每个季度就可以落实两个目标。如果有一个大目标需要超过一个季度的时间来完成，你也可以同时兼顾几个小目标。

你自己的目标
Goals of Your Own

总而言之，SMARTER 目标管理原则就是目标的明确性、可衡量性、可行性、风险性、定时性、激励性和相关性。现在你可以开始制定你自己的目标了。从何开始？建议先打开你列好的目标清单，以及人生质量测评结果。人生质量测评结果可以帮你制定一套与个人成长路径相一致的目标。

目标的数量不要超过 8 个。过多的目标会稀释分配到每个目标的精力，导致注意力无法集中。而目标过少又会导致能力无法完全发挥。建议按照季度设定目标，保证全年的精力平均分配。

如前文所述，你的目标应该囊括人生质量测评的几个不同领域。我发现人们往往只设立与职业相关的目标，而忽视了生活中的其他领域。这种做法有时候会给其他领域带来灾难性的影响。因此，我针对每个领域分别列举了三个例子，希望能够帮你启发思维。

你会发现以下有一些是成就型目标，而有一些是习惯型目标。

为了帮助你制定自己的目标，本书附有系列填空型目标制定模板，用以确保你制定的目标符合 SMARTER 目标管理原则。这些模板整合了实现目标的关键要素，助力你规划最好的一年。

生理	思想	精神
• 工作日从家里带健康午餐，不吃快餐。	• 1 月开始每月至少阅读两本书。	• 早上阅读 15 分钟。1 月 1 日开始，每周 6 次。
• 早上 6:30 开始跑步半小时。每周 4 次。	• 至少参加两场会议，2 月 15 日前登记。	• 每天睡前至少用 5 分钟时间写日记。
• 1 月 1 日开始按时睡觉，在接下来的 90 天内每晚保证 8 小时的睡眠。	• 研究外语课程，并在 3 月 1 日之前注册一个初级西班牙语课程。	• 找到合适的治疗师或咨询师，3 月 1 日之前开始每月定期疗程。

爱	家庭	社交
• 5月整理约会专用的网飞(Netflix)剧目表;准备20部电影，每周一起看一部。 • 每月约会2次，每月15日前确定日程。 • 帮配偶完成3件他/她定期做但不喜欢做的事。4月1日开始，每周一件。	• 1月开始每天下午5点前离开办公室，确保有时间在家吃晚餐、陪孩子游戏。 • 和孩子们集体决定25顿饭的菜单。每周末至少下厨1次。2月开始。 • 预留7个休假日，和父母一起去他们喜欢的地方度假。3月15日之前做好旅行计划。	• 2月1日前加入运动俱乐部，结交新朋友。 • 7月1日前参加当地的慈善家园建设志愿活动。 • 3月开始，参加城市救济机构志愿项目。
财务	**事业**	**爱好**
• 8月25日前还清剩下的8,000美元车贷。 • 1月1日开始将外出就餐次数减少到每周一次。 • 5月1日前还清5,000美元的信用卡债务。	• 3月30日前发布新产品。 • 6月15日前在数据库中新增5,000名电子邮件订阅用户。 • 10月1日前辞职，开一家公司。	• 4月1日开始参加为期12周的绘画课程。 • 每月尝试两家新的餐馆，持续到年底。1月30日之前列出清单。 • 找到12部有史以来最好看的喜剧片，从1月开始每月观看一部。

SMARTER 原则目标制定模板

成就型目标

1

可行性	明确性、可衡量性、风险性、激励性	定时性
相关性		

2

可行性	可衡量性、风险性、激励性	明确性	定时性
相关性			

3

可行性	明确性	可衡量性、风险性、激励性	定时性
相关性			

习惯型目标

4

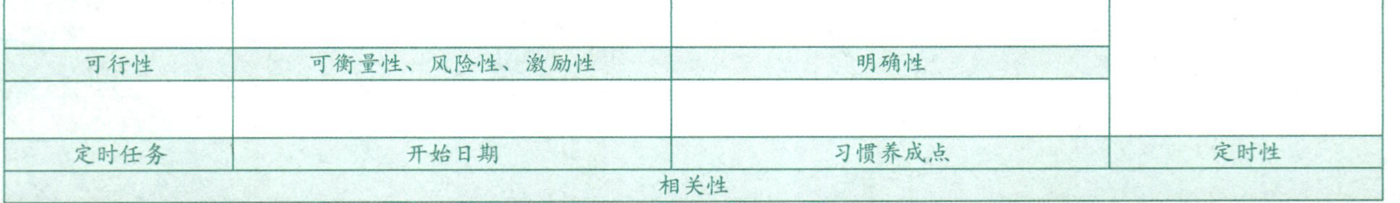

可行性	可衡量性、风险性、激励性	明确性	
定时任务	开始日期	习惯养成点	定时性
相关性			

SMARTER 原则目标制定模板

成就型目标

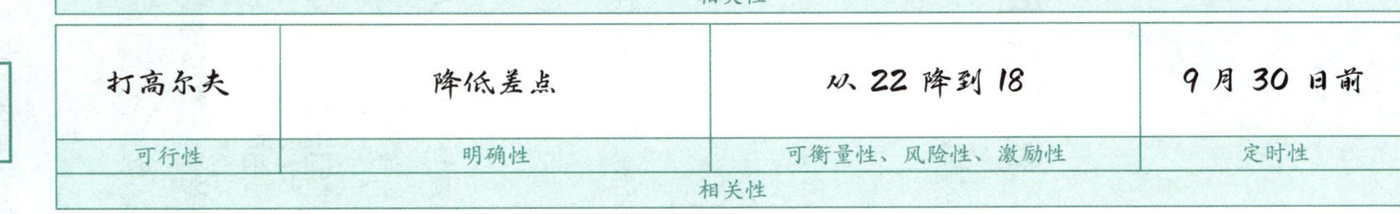

1	跑	“乡村音乐”半程马拉松		4 月 21 日前
	可行性	明确性、可衡量性、风险性、激励性		定时性
	相关性			
2	阅读	50 本	商业书籍	12 月 31 日前
	可行性	可衡量性、风险性、激励性	明确性	定时性
	相关性			
3	打高尔夫	降低差点	从 22 降到 18	9 月 30 日前
	可行性	明确性	可衡量性、风险性、激励性	定时性
	相关性			

习惯型目标

4	散步	两英里	在平克顿公园	每周一、周三、周五
	可行性	可衡量性、风险性、激励性	明确性	
	早晨 6 点	从 6 月 1 日开始	持续 12 周	
	定时任务	开始日期	习惯养成点	定时性
	相关性			

8

风险是朋友

Seriously, Risk Is Your Friend

没人会炫耀自己爬上一个草坡，但会炫耀自己登上了珠穆朗玛峰。

——佩恩·吉列特

舒适区很好，但不会带来任何成长。

——卡罗琳·卡明斯

相信大家都听说过马拉松第一人的传说。公元前 490 年，雅典人在马拉松战役中打败了波斯侵略者，士兵斐迪庇第斯跑了 36 英里，把这个好消息带回雅典。但超级马拉松运动员迪安·卡纳泽斯在《奔向斯巴达》一书中却为我们讲述了这个传说的真实版本。斐迪庇第斯在战争开始前一路从雅典跑到 150 英里外的斯巴达，然后又折返回来。卡纳泽斯说，加上报捷的最后一程，斐迪庇第斯可能累计奔跑超过 325 英里！

这个故事可能有点遥远，但卡纳泽斯还讲了另一个故事。

1982 年，英国空军司令约翰·福登带领一小支队伍，用不到 35 小时的时间从雅典跑到了斯巴达。一年后，福登按照自己的路线，组织了一场 153 英里的赛跑，这就是“斯巴达松”。

2014 年，卡纳泽斯也参加了斯巴达松。作为超级马拉松运动员，他曾经不间断地跑过 350 英里。斯巴达松本身就是一项极具挑战性的赛事，在此基础之上，卡纳泽斯还决定比赛全程只吃斐迪庇第斯当年吃的食物：橄榄、无花果、腌肉。一个人为什么会愿意去经受这种磨炼呢？“西方文化中存在落后的因素。”卡纳泽斯在接受《户外》杂志采访时说，“我们认为只要生活舒适就会过得开心。我们将舒适和幸福等同起来。但现在我们就是过得太舒适了，生活中没有挑战，我们缺少冒险精神”。卡纳泽斯的观点适用于每一个人，尤其适用于追求目标的人。对于个人而言，舒适就意味着平淡和低投入。

几年前我初次听说卡纳泽斯的故事时，受到了极大的鼓舞。于是我决定参加人生中的第一次半程马拉松比赛。到现在我已经跑过几次半程马拉松，虽然每次参加对我来说都是一个挑战，但这是好事。不管是有意选择，还是被迫面对，我们都应该拥抱挑战带来的风险，原因至少有 3 个。

第一，舒适是被过誉的。舒适并不能带来幸福，只会带来自我放纵和对生活的不满。

第二，痛苦是成长的催化剂。痛苦让我们有更多追求，迫使我们改变自己、提升自己、适应环境。

第三，痛苦能带来进步。感到痛苦的时候可能是你在成长，这种痛苦会给你带来好处。

如果目标具有风险性，参与感、满足感和幸福感都会随之产生。有风险的目标可能是发布新产品、返校深造，或者挽回关系。如果你的目标让你感到不安，那就对了。怎样才能知道自己的目标方向是否正确？可以看看自己的目标属于以下三个区域中的哪个。我也会用这种方法评估我的目标。这三个区域就是舒适区、不适区以及妄想区。

对于目标和风险的关系，人们存在一些误解。在探讨上述三个区域之前，有必要扫除这些误解。上文提到，通用汽车公司曾因短视而陷入困境。他们并不是个例。在埃德蒙・希拉里和丹增・诺尔盖首次登顶珠峰多年后，一场严重灾难发生了。1996 年，一场风暴夺去了 8 名登山者的生命。批评者将目光聚焦于登山队和向导设定的短视而致命的目标，认为这场灾难证明了目标设定有可能弊大于利。这样的情况的确有可能发生。但如我们所见，只要遵循 SMARTER 目标管理原则，就可以避免类似问题的发生。

有关目标设定的研究已有数十年历史，绝大多数的研究结果都表明，目标设定对提高个人表现有显著的积极作用。《经济学人》援引目标研究先驱加里・拉萨姆的数据报道称："有关目标设定的学术研究超过 1,000 项，其中 90% 的研究结果显示，目标设定产出积极结果。”我们应该将批评者提出的质疑列入目标设定考虑因素中，以确保我们的思考全面而深刻。但在追逐目标披荆斩棘的过程中，也要对我们的原本的思考路径有充分的自信，不要被质疑左右。

舒适区
The Comfort Zone

我们都希望未来更加美好。我们制定目标，立志改善自己的健康状况、亲情、友情、财务、事业等。然而，设想未来，我们的抱负却似乎太渺茫、太遥远。于是我们开始担心，我们要“怎样”实现这些目标。我们对“怎样”的考虑超过了对“什么”的渴求，就容易降低目标的档次。我们看不到怎样才能取得成就，就收回愿景，告诉自己，目标必须是“合理的”“现实的”。我们的期待值降低了，于是期待就变成了现实。

古语有云：“不入虎穴，焉得虎子。”芝加哥建筑师丹尼尔·彭汉在 1907 年说过：“不要制定没有难度的计划。简单的计划不能给人激情，最后可能连简单的事也做不成。所以，理想要高，志向要远。”他的说法得到了科学的证实。如前文所述，目标难度与实现目标的可能性之间存在直接关系。不用说，和目标难度存在直接关系的还有动力、创造力和满足感。

一个有意义的目标必须能让我们提升自己。这就意味着我们必须离开舒适区。如果你明确知道一个目标应该怎么实现，那说明这个目标还是太简单了。我曾看过一部纪录片，一群业余超级马拉松爱好者跑了 600 多英里，穿过了 4 片沙漠。其中一个参与者以前只参加过几次短途赛，但他还是决定报名。他报名的原因很有教育意义。他说，他以前从未这样挑战自己，但只要下了决心，就一定会去做。当然，我不是让你去世界上环境最恶劣的地方跑几百公里，但是如果你现在就有实现目标所需的条件，也就是说你能轻松完成任务，那么你的目标可能难度还不够大，激励性还不够强。

在本章开头，我引用了魔术师、电视名人佩恩·吉列特的话："没人会炫耀自己爬上一个草坡，但会炫耀自己登上了珠穆朗玛峰。" 这是他在谈到自己的减肥经历时说的。他原来的体重有 330 磅，仅仅 3 个月的时间，他就减掉了 100 多磅！

他是怎么做到的？他坚持纯素饮食，很少吃加工食品，不摄入糖，并且进行极其严格的间歇性禁食。但如果你也想学习他的减重方法，请注意他的告诫："有话说在前，'一个拉斯维加斯魔术师的健康建议，傻子才会听'。"方法细节暂且不谈，吉列特的故事有一点让我印象特别深刻，就是他表示，如果用更简单的方法来控制体重，自己反而难以做到。"我发现只有一个方法能够成事，那就是只做有难度的事。"吉列特说，"轻而易举的事，我不做。对于这样的事，我的心里根本没有要去做的欲望，我也不喜欢做。"可能听上去很难理解，但有研究能够支持他的说法。

从目标达成的科学可以看到，**目标的内在风险能够为我们带来巨大的精神动力。**钱斯勒大学的史蒂夫·克尔和道格拉斯·勒佩莱认为，低标准的目标通常都可以实现，但是后续的动力和精力会衰退，并且最终的实际成就也不会比目标值高出多少。但是，有一定难度的目标更可能激发持续的热情，最终带来高成就。换句话说就是，投入越多，收获越大。

打个比方，如果你是一家小型制造工厂的销售经理。你的销售额每年都能增长 5%，今年你决定把目标定在 6%。这个目标能够帮你提升业绩、激发创造力、提高工作热情吗？不能。小目标通常不具有激励性。要想胜出，我们就必须克服规避风险的天性，跳出舒适区，制定具有风险性的目标。想象一下，如果这个增长目标是 20%，那么实现这个目标的方法就超出了你现有的认知范围。这时候你就开始成长了。

再举一个贴近个人的例子。如果你每周都会发布一份时事通讯，并且坚持了一整年，订阅者阅读你准时发布的消息已成为习惯。这时候为什么不大胆突破，在常规内容的基础上，再增加一个出彩的每周特色栏目呢？风险性目标的精髓在于跳出舒适区，进入不适区。降低风险就意味着降低回报。

不适区
The Discomfort Zone

你可能已经体会过不适区带来的好处。可能是学习一项技能，遇见一个人，或是接受一个新的挑战。当时我们可能会很累，但回过头来，我们不得不承认：人生中所有重要的事都发生在舒适区之外。我们在舒适区之外成长，在舒适区之外寻找出路，在舒适区之外获得成就感。我们不必等不舒适发生之后才对它进行回顾，我们可以通过设立风险性更高的目标，主动经历不舒适。

凯利·麦格尼格尔在《自控力》一书中，讲了斯坦福大学教授阿莉娅·克拉姆的故事。克拉姆还在耶鲁大学心理学系攻读研究生时，一天晚上，她在地下室熬夜工作，突然听到敲门声，吓了一跳。门开了，一个技术员探头进来，环顾四周后，说了一句话："这只是攀登珠穆朗玛峰途中又一个寒冷黑暗的夜晚。"克拉姆没有时间跟他攀谈，他关上门走了。

几周后，克拉姆突然想起技术员的话。她意识到，在攀登珠穆朗玛峰的过程中，总是会有艰辛的时刻，就好像她为了学历而独自一人彻夜奋斗一样。克拉姆反省道："你还想多舒适呢？你可是在攀登珠穆朗玛峰！"

每个人都有一座让自己望而生畏，甚至是望而却步的珠穆朗玛峰。在当时，克拉姆的珠穆朗玛峰就是她的学位论文。我们每个人都有自己的珠穆朗玛峰。有时候我们会觉得自己无法成功，但麦格尼格尔说：“如果一个目标不值得你为之忍受几个寒冷黑夜，那它还有什么价值呢？”

令人振奋的是，当选择了艰巨的目标，我们自然就会动用所有的智慧和谋略，迎难而上。通用电气首席执行官杰克·韦尔奇把这种思维称为“子弹头列车思维”。这个名称来源于日本的一场交通运输革命。以前，坐火车从东京到大阪要用 6 个多小时。企业管理者认为企业的运营速度受到了影响，要求提高交通运输效率。但他们并没有提出“现实”的要求，例如，把运输时间减少到 6 小时以内。他们的要求是，时间减半。为了实现这个目标，工程师抛弃了传统的方法，从新的角度考虑问题，最终在解决这个问题的过程中完成了日本交通运输的革命。

需要指出的是，工程师并没有完全达到时间减半的目标，但是他们距离这个目标已经很近了。可以肯定的是，如果当初定下的目标挑战性不那么高的话，他们不会实现这么大的飞跃。韦尔奇谈到通用电气追求高难度目标时说：“努力去争取看起来不可能的事，我们往往就能把不可能的事变成现实。即使没有完全做到，最后的结果也会比因循守旧要好得多。”这些“挑战性”目标对于通用电气来说并不是生死攸关的。高管们通过制定这样的目标来激发员工的创造性思维和解决问题的能力。

有意义的目标一定是处于不适区的。如果你感受到了传统认知中的负面情绪，如焦虑、不确定感、怀疑等，那么你就是处于不适区了。如果我们能够正确理解这些情绪，这些看似负面的情绪就能成为指示灯，提示我们当前正处在不适区。如果对未来进展不能完全确定，或者不确定自己是否具备实现目标的所有资质，就差不多可以说你设立了一个有价值的目标。

当然，每个人的不适区都不一样。

莉娜是我团队一名成员的朋友，她和她的丈夫是寄养父母。担任寄养父母绝非易事。莉娜和丈夫接收的第一个寄养孩子就让他们措手不及，这是一个心理创伤非常严重的 10 岁孩子。虽然莉娜夫妇准备了很多治疗理论和育儿方面的书，以为可以应对孩子表现出的行为问题，但受制于远程医疗、心理治疗等候名单、社交距离，以及虚拟学校等外部因素，孩子的情绪问题愈演愈烈。

在一次特别的危机之后，孩子的寄养团队认为孩子需要高强度的医疗帮助，这就意味着孩子将搬离莉娜夫妇家。这让莉娜觉得自己很失败。她深深爱着这个寄养孩子，她本希望能够照顾并帮助每一个寄养在自己家的孩子，现在却深受打击。

回顾第一次接收寄养儿童的经历，大大小小的挫折开始困扰着莉娜。对于什么时候开始接收下一个寄养儿童，莉娜和丈夫无法达成共识。他们开始为家里的细节争吵。在成为寄养父母之前，这些细节原本都不是问题。每当想到要再次抚养一个年龄相仿的儿童，莉娜都不禁感到害怕。她无法专心工作，因为害怕谈起这次失败的育儿经历，和朋友也渐渐疏远。

最终，莉娜还是接受了心理治疗，并意识到她对于担任寄养父母的自我设限性思维。她领悟到了自我开放性思维，开始设定育儿成长方面的目标，怀有希望，期待进步。她的心理治疗师也帮她处理了过去的创伤和每一个新的寄养孩子对她生活带来的巨大改变。

虽然经历了与第一个孩子的痛苦别离，莉娜和丈夫后来又迎接了 8 个孩子来到家中（截至今天）。这些孩子的年龄从 1 岁到 17 岁不等。现在，莉娜可以驾轻就熟地应对担任寄养父母带来的挑战和不适。大多数人都想要轻松的生活，尤其是轻松的育儿生活，而莉娜做的和我们想的正好相反。

莉娜说："我希望每次都能改变一个孩子，每次都能改变一个家庭，这就是我的动力所在。"她的恐惧告诉自己，她正在进步，并且正在成为更加强大的母亲，可以抚养不同年龄的孩子。现在，她能够泰然迎接不适，因为正是这些不适引导她获得了新的能力。

很多人都会因负面情绪而退缩。千万不要。这些情绪可能只是告诉你，你正走在正确的道路上。毕竟，**从舒适区到不适区的道路，就是你真正获得成长的道路。**

但是你怎么知道自己的目标到底是具有挑战性，还是不切实际呢？怎么判断一个目标是不是风险过高？毕竟，不适和妄想还是有区别的。

妄想区
The Delusional Zone

我们再回过头看看通用汽车公司的失败经历。当通用汽车公司占据 29% 市场份额的梦想破灭时，批评家将这件事视作一个警告，认为这件事体现了设定高挑战性目标的危险性。他们认为设立目标带来的问题比解决的问题要多。但通用汽车公司之所以失败，不是因为它的目标具有挑战性，而是因为这个目标误入了妄想区。

不切实际的目标导致公司管理层视野狭隘，行事鲁莽。通用汽车公司一心想着实现 29% 的目标，忽视了其他业务，并且为了实现这个目标，不惜牺牲财务健康。SMARTER 原则中的相关性原则能够有效避免这种自我毁灭式的目标追求。有一些目标不仅不可能实现，而且和我们的其他重要目标不能兼容，这种目标没有激励性，只有破坏性。

我们都有不慎进入妄想区的可能。如果我说我想进入 PGA 锦标赛，那就是妄想，和我打过高尔夫球的朋友都明白。那个准备穿过 4 片沙漠的运动员呢？他也是妄想吗？如果你知道他拥有运动员体格，意志坚定，并且还有一个具备高度凝聚力的团队为他提供支持，你就不会认为他在妄想了。

如何判断自己是否正在驶向妄想之地？有时候这只是简单的算术题。我曾听到戴夫・拉姆齐对手下一名销售人员提出的质疑。这名销售人员定下一个目标：每天联系一定数量的潜在客户，这个数量不是小数目。戴夫提醒他，这个目标不是深思熟虑后的结果。确实，这是一个有抱负的目标，但是在一天内根本不可能联系这么多人。这名销售人员直接跳过了不适区，进入了妄想区。最终，他还是修改了自己的目标。类似的情况很常见，比如由于时间或其他限制，我们无法实现金钱或其他方面的追求。我们要相信可能性（如

STEP1 所述），但限制条件也是真实存在的。

向伴侣或其他关系亲密的人倾诉我们的想法也有助于我们避开妄想区。别人总是能够比我们自己更清楚地看到我们的盲区，他们能够看出我们的目标并不具备我们自认为的可实现性。

需要注意的是，有时候我们并不是被某一个不切实际的目标带到妄想区的，而是多个目标累积起来，导致我们不可能完成任务。例如，把多个截止期限堆在一起，或者各种项目叠加，就会导致这种情况出现。接下来的事你也知道，“列车就要失事了”。

不适区的目标给我们带来挑战，让我们最大限度地发挥自己的能力，而妄想区的目标只能导致失败，带来沮丧和失望。我通常的做法是设立一个接近妄想区的目标，然后再把它稍稍拖回来一些，这样我的目标就处在不适区了。

准备出发
Preparing for the Journey

回到学员娜塔莉的故事。在和家人一起搬到新城市之前，她经营着一家在线品牌与营销咨询公司。她以前还开过另一家公司，现在准备再开一家。

娜塔莉的第一个客户来自她以前的一个合作方，但创业初期总是不容易的。她说：“我希望能够扩大业务。我希望自己能更有创业精神。”但因为刚来到新的城市，还要照顾孩子，所以创业并不容易。但她还是克服了所有风险和不确定性，决定壮大公司。虽然中途遇到过困难，走过弯路，但她都坚持下来了，现在她的公司已经有了 6 个客户。“我很享受作为创业者的感觉。”她说，“做自己一直想做的事，让我感到自己得到了解放。我对自己做的事感到很自豪，我在这个世界创造了价值。”

经营自己的公司最初只是娜塔莉的一个梦想，后来这成了一个有难度的目标，现在成了她的日常工作。有一年，娜塔莉的目标是公司一个月收入达到 10,000 美元。这是有难度的。她自己也承认这个目标已经接近妄想区。她说：“我以为这个目标要到 12 月才能实现。”但实际上，她在 3 月 30 日之前就完成了这个目标。“我完全震惊了。”她说，“我彻底粉碎了自我设限性观念。”

娜塔莉从充满风险和挑战的目标带来的增强效应中受益。你也一样可以。你最成功的一年存在于舒适区之外。如果在舒适区之外注定会产生负面情绪，那么你应该如何为应对这些负面情绪做准备呢？我有 4 个建议。

第一，承认走出舒适区的价值。只有我们认为有价值的事才能吸引我们。首先要承认，走出舒适区对你而言是一件好事。这就是以自我开放性观念替代自我设限性观念。如果你觉得有需要，也可以大声说出来：“离开舒适区是为了我自己！”记住，只有离开舒适区，你才能成长，才能找到出路，才能获得成就感。安全路线其实并不是那么安全。

第二，直面痛苦。很多人都会在经历痛苦时放弃。问题是，这种做法可能会成为一种习惯，甚至成为一种生活方式。我们要拥抱不舒适，走向不舒适。“在我用尽全力的时候、感觉到痛苦的时候，我才能感受到自己真正活着。”卡纳泽斯说，“似乎抗争会产生一种神奇的力量。”**直面痛苦是取得成就的重要一步。**不管要实现什么人生目标，不适区都是你的必经之路。

第三，克服恐惧。如果你感到焦虑、恐惧或不安，这都是正常的，但是你不能被这些负面情绪控制。没错，恐惧可能预示着危险，但恐惧也同样可能预示着你即将取得突破。一次，一位瑞士定点跳伞运动员告诉我，每次跳伞的时候，恐惧感都几乎将他吞噬。从他的脚离开地面，到降落伞张开之前，他都被无尽的恐惧笼罩着。他说，“可能今天就是我的降落伞打不开的那一天”，但快感总是比恐惧感更加强烈。每当负面情绪喷涌而出时，他就努力让自己从负面情绪中抽离出来，专注于接下来的跳伞动作。成功者和失败者的区别往往在于能否在恐惧中继续前行。

第四，避免过度分析。我总是想看见整条路线。我想要一张地图指引我到达终点，但是我不能。没关系，你只需要知道自己下一步应该做什么。当你知道下一步应该怎么走，就大胆地去走，要相信路上总会有灯光。

在旅途中成长
Growth in the Journey

如果你决定出发去追求人生中重要的东西，就注定会在舒适区之外度过大部分时光，但你会在这个过程中收获很多。你可以选择留在舒适区，但可能会停滞不前。你也可以走出舒适区，然后不断成长。你可能会认为舒服会带来幸福感。其实不是。**幸福感实际上来自进步和成长。**

在制定风险性目标之前，首先要明白目标存在的意义。制定目标是为了完成某件事，但目标的意义不限于此。**目标的意义不仅在于让你做到什么事，更在于让你成为什么人。**目标关乎成长，一个好的目标能让我们成长，让我们变得更加成熟，因为实现目标的过程和结果一样重要，甚至比结果更加重要。这就是要在舒适区之外设定目标的原因。

9

成就与习惯相辅相成

Achievements and Habits Work Together

我受的教育告诉我，进步的道路既不迅速，也不容易。

——玛丽·居里

不要坐着等待机会降临。站起来，创造机会。

——C·J. 沃克

苏珊的身体越来越好了。她从 30 多岁开始跑步，几年后，她参加了人生中的第一场马拉松。到了 40 岁，她希望自己的下一个目标更具挑战性和激励性，于是她决定在 50 岁生日之前去 50 个州跑 50 场马拉松。她把这个目标称为“50/50×50 挑战”，并且正在付诸实践。苏珊现在 44 岁，已经完成了人生清单上 20 个州的任务。

5 年前，理查德从空军退役，现在在当地的社区大学担任历史老师。他发现这里的学生缺少成为领导者必需的辩证思维和社交技能，便向咨询委员会反映了这个情况。咨询委员会也认为培养领导力十分必要，因此请他为秋季学期设计一个培养领导力的新课程。

理查德利用公休时间完成了课程设计，新课程准时开课。

汤姆在为室内装潢业务设计配色系统时，他的搭档伊莎贝尔想到了一个好办法。伊莎贝尔找到一个开发商帮他们设计了一个应用软件，通过这个应用软件，用手机或平板电脑里的相机功能就可以调配颜色，她还建议在应用软件中增加一个“调配调色板”选项。这个拧巴的工作花了他们好几个月时间，在用户进行反馈测试后，他们很快确定了可以在 3 月 1 日将应用软件投入使用。汤姆和伊莎贝尔有望在两周内完成剩余工作。

50/50×50 挑战、设计领导力课程、设计配色软件，这些都是一次性的成就。这些目标有一个共同特点：它们都有明确的范围和时间框架。这就是成就型目标。我们还有另一种目标类型。

比尔和南茜的婚姻很美满，不仅仅是因为他们有幸能遇到对的人，还因为他们能用心去经营夫妻感情。20 多年来，他们坚持每周风雨无阻地外出约会一次。方法就是这么简单，这个习惯让他们每周都有机会和对方真诚而深入地交流。

斯宾塞拥有强健的体魄。每次年度身体检查，医生都为他的健康状况感到惊叹。过去 5 年，他一年比一年健康。重点是，斯宾塞去年就已经 65 岁了。保持身体健康不是靠运气，而是因为斯宾塞养成了每周进行 4 次力量训练的习惯。

克莱尔因企业裁员而失业了。仅仅过去 3 年，她就将自己数字业务的销售额拓展到 7 位数。你可能会认为她的成功不过是因为刚好在正确的时候有了正确的想法。当然，这也是其中一个原因。

但如果你问她成功的秘诀，她会归功于每周打 5 个电话的习惯。这 5 个电话可能是用来达成销售任务、建立行业内的新联系或者推销她的业务的。

和前面 3 个例子不同，后面的 3 个例子没有明确的范围和时间。相反，它们都是持续的活动，这就是习惯型目标。如果我们能够理解成就型目标和习惯型目标的区别，并把这两种目标组合起来，就能更好地规划未来。

两种目标
Distinctions with a Difference

从上面的例子可以看出，**成就型目标关注的是一次性的成就。**这种成就可能是还清信用卡欠款，达到财务基准线，或者写完一本小说。截止期限是成就型目标中的关键要素。

而习惯型目标针对的是规律、持续的活动，如日常冥想，每个月和某位朋友喝一次咖啡，或每天饭后散步。这种目标没有截止期限，因为你的目的不是取得某项成就，而是培养一种习惯。这种目标通常会有一个开始日期。以下是成就型目标及其对应的习惯型目标的例子。

以下成就型目标满足 SMARTER 目标管理原则，包含明确性，可衡量性，定时性，截止期限一到，就可以判断出目标是否实现。

习惯型目标同样也满足 SMARTER 目标管理原则。制定习惯型目标最重要的就是明确自己要进行什么活动、以什么频率进行。虽

成就型目标	习惯型目标
• 6 月 1 日前完成一次半程马拉松	• 1 月 15 日开始，每个工作日早上 7 点跑 3 英里
• 第三季度末的销售收入增长 20%	• 3 月 1 日开始，每周致电 4 名潜在客户
• 12 月 31 日前读 50 本书	• 即日起，每天晚上 8 点看书 45 分钟

然习惯型目标没有截止期限，但也应当有时间限制。有效的习惯型目标应包括 4 个关键的时间限制要素：

1. 开始日期。明确什么时候开始培养习惯。

2. 频率。明确这件事你多久做一次。可以是每天、一周几次、每周一次、每月一次等。

3. 定时任务。在一个固定时间点执行某项任务。这个时间点可以是每天或每周的一个特定时间，也可以把这个习惯和另外一个规律事件捆绑在一起，例如，早餐后或睡觉前。固定时间更容易养成习惯。

4. 习惯养成点。连续做一件事到一定次数，可以认为习惯已经养成，也就是说这种活动已经成为你的第二天性。对于大多数习惯型目标而言，一旦达到了习惯养成点，也就无须再刻意为之了。

养成一种习惯后，维持这种习惯也有一定的难度。培养一种习惯需要一定的时间，而且可能比你想象中的时间要长。我会在

STEP4 中继续讨论这个问题。

如果你希望为自己制定有效的习惯型目标，可参考本书末尾的目标制定模板，其中不仅包含上述的关键时间限制，还提供目标制定细节，另附习惯养成记录表，用以追踪目标进度。

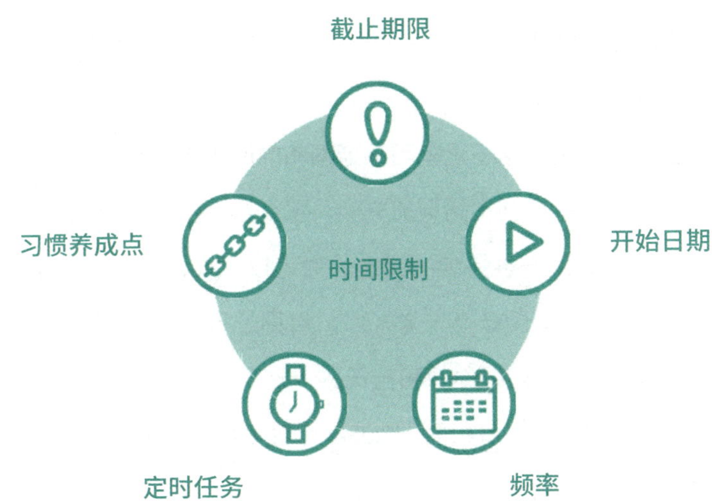

时间限制对实现目标至关重要。对于成就型目标而言，设定截止期限是最有效的。对于习惯型目标，则可以综合运用开始日期、频率、定时任务以及习惯养成点来辅助养成习惯。

目标组合
Which Works Best?

在你制定的 8 个年度目标中，最好既有成就型目标，又有习惯型目标。诀窍在于要知道不同目标的不同用法。**成就型目标适用于有明确范围和时间框架的计划。**例如，如果你的目标是增加收入，你就可以将这个目标具体化，并划定截止期限。你可以说："本财年内将销售佣金提高 20%。"如果你想增加新业务，可以这样设置目标："6 月 1 日前增加咨询业务。"

习惯型目标则适用于没有明确范围和时间规定的计划。例如，如果你希望自己的精神生活更加充实，那么这就不是一个能一次性实现的成就，而是一种持续的状态。你可以这样设置目标："早晨 6 点用 20 分钟时间阅读《×××》，每周 5 次。1 月 1 日开始，连续坚持 70 天。"如果你想和自己的伴侣更加亲密，可以这样设置目标："每周五晚 6 点和他 / 她外出用餐，并共同度过一个晚上。3 月 1 日开始，坚持 52 周。"

同时，习惯型目标还可以是成就型目标的实现方式。例如，如果你想在 6 月 30 日之前写一本 50,000 字的书，那么你就要划分几个写作阶段，或者是养成一个写作习惯。如"从 2 月 1 日起，连续 20 周时间里，每周写作 5 天，每天 500 字，早晨 6 点开始"。

如果你希望今年还清债务，那么这个成就型目标就值得你用一系列坚定的习惯来达成。例如，你可以制定一个还款计划（成就型目标）。但是要完成这个计划，又需要你培养节俭的习惯，例如，把外出就餐改为在家做饭，把去健身房改为在小区散步。

又如，假设你希望年底实现收入增长 30%。要达成这个目标，你需要制定策略。还记得克莱尔的故事吗？你可以通过一个习惯型目标来实现成就型目标："每周致电 5 个合格的潜在客户。1 月 1 日开始，坚持 52 周。"

不同的人适合不同的目标，你需要根据自己的物质和精神需求，制定适合自己的目标。例如，有些人根本无须制定有关健康的目标。但对于有些人而言，这样的目标却可以让他们有动力行动起来。有些人倾向于将健康的习惯融入日常生活中，这样就可以不必大费周章地追求成就型目标，这也是可以的。

一些人则认为组合使用两种目标可以更好地达到理想状态。这种组合目标的好处在于，可以灵活运用成就型目标和习惯型目标，目标的组合方式可以根据自己的需要调整，关键是找到适合自己的路径。最适合自己的路径，有时候可能一目了然，有时候也可能需要经过一段时间的尝试和摸索才能找到。

戒掉坏习惯

Breaking Bad Habits

很多人更感兴趣的并不是怎样养成好习惯，而是怎样戒掉坏习惯。你也有可能是这种情况。如果你的一些习惯会干扰你达成目标，

那么也可能难以开启最好的一年。例如，你可能

- [ ] 过度频繁查看手机，或过度沉迷社交媒体
- [ ] 在重要事项上拖延
- [ ] 睡觉时间不规律
- [ ] 过度抱怨生活中的困难
- [ ] 通过暴食来应对压力或其他情绪
- [ ] 非用餐时间进食
- [ ] 过度饮酒
- [ ] 沉迷电视节目
- [ ] 过多同意他人的请求
- [ ] 和朋友说别人的八卦

类似的习惯性行为是普遍存在的，也是持续存在的。这些行为会扰乱我们的生活。你可能会希望改掉这些行为，又或者你一度不再做这些事，但没过多久又重蹈覆辙。

习惯性行为就是不自觉的习惯。很多时候我们自然而然地就会做一些事。这为我们省去了有意识地思考和决策的时间，算是一个优点。但这也是一把双刃剑。一旦大脑将某种行为自动化，这个程序就变得难以解除。想要解除这个程序就只能用新的程序来覆盖这个程序。

当我们对某种刺激（这种刺激可能是某种物品、某种想法等）产生反应，这种反应带来了奖励，而后我们重复这种行为，又再次

得到奖励，这便是习惯的形成过程。这个过程涉及多种神经机制，但都离不开以下基本要素：刺激、反应、奖励、重复。

打破习惯最可靠的方式，要么是移除刺激，要么是改变反应。反应在很大程度上是自发的，所以很难改变。改变反应虽然不是完全不可行，但如果选择移除刺激，成功的概率会更高。就像前文列举的例子，要避免非用餐时间进食，最有效的办法就是把家里的零食清空；要避免频繁查看社交媒体，那就把手机放在不能随手拿到的地方；要避免和朋友八卦，那就暂时不跟爱说八卦的朋友见面。从环境开始改变，这种解决方法是有效的，因为它将我们与触发我们习惯的事件进行了隔离。这种方法比我们自己的意志力更有效。

如果你能清楚意识到自己对刺激做出的反应，你也可以通过给自己定规矩来做出改变。例如，你可以规定自己每次在做出承诺之前都要说："我先考虑考虑，看看会不会与我日程中的其他事项冲突。"你也可以给自己定一个简单的规矩，每天只在三餐时就座进食。这个规矩可以防止非用餐时间吃零食或情绪化进食。再比如，你可以规定自己每抱怨一次，就要在社交媒体上发一条感恩的消息。定规矩还有一个好处，就是定规矩这个行为本身就可以让你对自己的行为有更加客观的认识。改变自己对刺激做出的惯常反应，本质上就是培养一个对自己有益的新习惯。

这两种策略都采用了预先承诺的形式，预先决定了你对外界刺激的处置，或是你对自身反应的处理方式。还有一种广受欢迎的预先承诺形式，就是设定惩罚。"禁骂罐"（如果有人说了脏话，就将罚款投进罐子中）就是一个典型的例子。为你不喜欢的行为设置罚款，也是一种有效的方式。

备受赞誉的约翰·多恩传记的作者凯瑟琳·伦德尔教授，在撰写博士论文时就曾用这种方法来克服拖延。她和朋友约定，如果自己没有完成每天1,000词的写作任务，就向驴场捐款100英镑。“这个方法确实很有效。”伦德尔教授说，“我不想把我的钱花在驴身上，因此我只有一天没有完成任务。”当然，你可能会发现履行承诺有一定的难度。我会在STEP4中讨论承诺的可追踪性问题。

量体裁衣

The Right Mix for You

接下来的任务就是根据自己的情况找到成就型目标和习惯型目标的最佳组合。打开你的目标清单。可能你的成就型目标比重过高，那你可以把其中的一个或几个替换为习惯型目标。也可能你的习惯型目标数量太多，那就进行适当调整。

同时，成就型目标达成后，要有相应的习惯型目标紧随其后。尤其当我们处于无所适从的过渡时期，这种策略尤其有效。完成行动方案后，我们会深入探讨这个话题。

行动计划 第 3 步

1. 设立目标

每年设立 8 个目标。目标要满足 SMARTER 目标管理原则：

- 明确性
- 可衡量性
- 可行性
- 风险性
- 定时性
- 激励性
- 相关性

根据不同的生活领域制定相应的目标。将目标分散到各个季度，以保证注意力集中，全年节奏稳定。

2. 在不适区设立目标

最好的事往往发生在我们不得不成长的时候。这在我们对未来一年的规划中是绝对真理，但这违反了我们规避风险的本能。以下 4 点将有助于你克服阻力：

- **承认走出舒适区的价值。**首先你要转变思维。只要你接受了挑战区的价值，接下来的事就简单多了。

· 直面痛苦。大多数障碍来自我们的内心，但转变思维还不够。通过直面痛苦，我们改变的还有我们的意愿。

· 克服恐惧。负面情绪不可避免。不要无视负面情绪，而是要去克服它。你只需要将实现目标带来的成就感和负面情绪进行对比，是成就多，还是恐惧多？

· 避免过度分析。过度分析现象是真实存在的。你不需要在开头就看到结尾，也不需要知道目标实现的整个过程，你只需要清楚自己下一步应该做什么。

3. 成就型与习惯型目标合理组合

成就型目标代表一次性完成的成就。习惯型目标代表持续且规律的行动。两种类型的目标都对规划最好的一年有所帮助，但是你要根据个人需求来平衡这两种目标，对你有用的组合就是正确的组合。

STEP 4 找到动力

Find Your Why

唐纳德·米勒在《一千年，一百万英里》中提到了他横穿水域的经历，这本书不但告诉我们如何出发，如何到达对岸，还将其中的“艰辛”尽数道来。这份经历就像我们做重要的事一样。一开始，我们踌躇满志。渐渐地，我们的目标越来越模糊，做事的速度也在减慢。过不了多久，我们会焦头烂额，觉得自己根本成功不了，没准连自己的初衷都忘了。

在上个STEP中，我们讨论了如何利用SMARTER目标管理原则制定行之有效的目标。切记，你的目标必须明确、易于衡量、有章可循，且无太大风险，节点清晰，振奋人心并与自己的生活息息相关。现在，我们将讲述目标的识别，以及动机与目标相关联的重要性。

这一点至关重要，因为实现目标的道路注定泥泞。无论哪个梦想、哪个目标、哪次尝试都逃脱不了这样的命运。我们有时会想，是否有更好的计划，能让到达终点的路少些痛苦、少些风雨？然而往往事与愿违。要走出困境，必须善于利用你的动机。只有这样，才能获得动力与毅力，不畏险阻，不言放弃。

10

给你的目标一个理由

Your What Needs a Why

失去目标，人生便没有了方向。

——盖尔·海亚特

凡事无非动机使然。无论决心做些什么，都须不辞辛劳。

——埃德蒙·希拉里

每个星期，有个想法总会从我脑子里冒出来——放弃。就在几天前，我打算不再听医生的话，放弃锻炼。

我最近做了手术。毋庸置疑，术后下床走动可以降低感染风险，控制血压，促进血液循环，预防褥疮。因此，术后第二天，我一早就起来绕着护士站散步了。

出院时，医生要求我严格按照他说的去做。他给我制定了康复计划，既不会让我运动过量，又能促使我恢复健康。然而到家后没多久，我就坚持不住了。

尤其是那天，我觉得没必要每天拉伸，也用不着天天在家附近散步，大可休息一天。在那天之前，我一丝不苟地锻炼，够努力了。然而休息了几天后，我感觉缝合的伤口处不太舒服，有种奇怪的紧绷感。而且因为不运动，血液循环不畅，我的手脚都冰冰的。听到我抱怨这儿疼那儿疼，妻子盖尔让我恢复康复训练。我承认，我失败了，我下载好自己正在听的读书音频就出门运动了。

放弃的念头总会不经意地冒出来。不单单是跑步，其他的事也是一样的：婚姻、生意、友谊，甚至包括信仰。这就是生活的常态。如果我们脑中的声音还不够困扰，社会就会逼着我们“认输”，逼着我们“改变”，逼着我们“放纵自己”。只是这些声音不会告诉你，梦想与努力是有区别的。

“一开始，每个人做得似乎都不错。”美国艺术家保罗·索恩唱道。起步容易，过程却异常艰辛。山峰远比你想象的要陡峭，道路远比你想象的要漫长，你不知道如何才能走到终点。我常常陷入这样的窘境。我的生意如此，我的企业亦是如此。我的婚姻令我迷茫，为人父母令我彷徨，养育孩子更是让我不知所措。

刚起步时，人人激情澎湃。新鲜感、创造性令我们热血沸腾，信心满满。然而一时兴起却无法改变整个旅程的困难重重。这就是为什么新年计划大都实行短短几周便不幸夭折的原因。想离目标近些，我们就需要更加强有力的帮助。

快乐、立竿见影、一蹴而就背后的谎言
The Myth of Fun, Fast, and Easy

任何重要的事都需要付出努力，然而横在梦想与实现之间的却是漫漫长路，只有少数人能够欣然接受这真相。布琳·布朗在《脆弱的力量》一书中，将我们对行动的犹豫归咎于快乐、立竿见影、一蹴而就的文化。现在的人们习惯索取，最晚明天就要到手。我们想不费吹灰之力便心想事成。当然，过程还必须快快乐乐。要是做起来枯燥乏味，干脆就做下一件事吧。然而除了少数几个幸运儿，我们的努力很难立刻获得回报。

无法如期望般瞬间成功，会使我们伤心欲绝、半途而废。这种事我见过不下百次：

· 几年的婚姻搞得夫妻俩焦头烂额，其中一方准备走出围城。

· 不着家的孩子令父母手足无措，父母准备撒手不管。

· 企业家在新项目上投了几个月、甚至几年的钱，却没有得到任何回报，他们早就没了动力，也没了信心。

· 新的创作灵感令作家兴奋不已，然而拖了 4 个月都不曾动笔。

· 老板的公司没有实现收入目标，考虑关门大吉。

· 领导想变更营业范围，却以举手投降告终。

我有很多亲身经历的例子，我相信你们也和我一样。事实上，并非所有值得做的事都令人快乐，它们很难立竿见影，也一定不会一蹴而就。还记得那个程序员对阿莉娅·克拉姆说的话吗？“这只是攀登珠穆朗玛峰途中又一个寒冷黑暗的夜晚。”无论你在生活中攀登哪座“珠穆朗玛峰”，都会遇到困难，没准还不少呢。

5 要素打消放弃的念头

5 Elements to Combat the Urge to Quit

每当我想要放弃，总有 5 要素能让我坚持下去。

第一，态度。纵观伟大的领导、革命家或运动员的一生，难道他们的成功不费周章，一蹴而就？并非如此。他们的成功之路布满荆棘，时有失败，但也峰回路转。我们每个人的路也是如此。我们不能盼着自己与众不同，那不过是痴心妄想，无望的期盼只会比困难本身更令人不知所措、更令人失望。

第二，新思路。正如之前所说，期望决定经历。换个角度想想先前的失败经历，我们总能找到前进的方向。与其沉浸在失败的痛苦中无法自拔，我更愿意反思自己，让自己挺过眼前的难关。比如，这些困难是如何出现的？我怎样才能挺过这关？我能从中学到些什么？

第三，自我同情。完美主义、自我批判只会让我们不知所措。吉尔伯特·基思·切斯特顿曾说过：“值得做的事也值得把它搞砸。”

这句话总令我忍俊不禁。但也道出了一个真理：**只要行动，就比完美无缺地待着要好得多。**想想追求真理有多难，然后继续努力。休息一下，坚持走下去。

第四，行动力。这点不容忽视。正如布琳·布朗所说，成就感让我们误以为自己理应成功。行动力则恰恰相反。它告诫我们，只有努力，才能成功。当行动力遭遇阻力，它会说："我能战胜困难。"而成就感却抱怨着怎么还不成功。只有拥有行动力，当梦想不再有趣，无法立竿见影、一蹴而就时，我们才能挺过去。

第五，动力。这点很重要，本节接下来的内容都与它有关。以我多年的经验，我之所以能一直向前，得益于一个问题：我的初衷是什么？而后，我记起自己的梦想，想象着自己最初期盼的样子，唯有如此，我才能在道路变得艰险时，有勇气继续前行。只有真心企盼对岸的美景，才能挺过痛苦，蹚过泥沼。想想养育孩子、健身或伟大职业目标的实现，这些挑战无不考验着我们的毅力。这意味着，我们得利用好研究员偶尔挂在嘴边的"自主动机"——藏在我们内心深处、对我们最具吸引力的缘由。想清楚这事对你来说为什么重要。

识别主要动机

Identify Your Key Motivations

一旦过程变得困难重重，我们就很容易分心，甚至摒弃目标。研究表明，如果丧失动机，为实现目标注入的能量会很快消失，令人痛苦不已。换言之，我们会倦怠，并最终放弃目标。

另一项研究表明：“自主动机能够客观地提高意志力，让人们在日益严峻的形势面前不畏惧、不退缩。如果人们能够带着自主动机奋斗，便获得了战胜困难所需的更锋利的武器。”动机让世界变得迥然不同。

布莱克是我的一名学员。他刚被女朋友甩了两天，家就被一棵大树砸毁了。他像我们多数人一样自暴自弃：大吃大喝麻痹自己。他没再锻炼，一下子胖了 45 磅。他知道不能再这样下去。为了坚持锻炼，他找到了目标背后的动机。“只要行动起来，我就能立刻识别出目标对我的意义。”他说，“并非迫于外部压力不得不做，而是它的确对我意义重大。我将目标和动机联系起来才发现，目标并非纸上的几个字，我也是其中的一分子。”

布莱克讲了自主动机的魅力。此类动机源于我们的希望、价值和野心。而外部动机则源于外部，如社会、家庭、职场等因素的影响。外部动机远不及自主动机长久、有效。上文提及的第二项研究指出，“只有在实现目标的路上认可自己，珍视目标的意义，我们才会更加努力，才能持之以恒。相反，如果目标不过是迫于压力或外部偶发事件设立的，那么我们就是在‘铤而走险’，也很难实现目标。”你要是想走得远，就必须找到对你来说强有力、独一无二的动机。

查理·贾巴里就是个很好的例子。他具备极强的自主动机，20 多岁便在音乐领域取得了不起的成就，顶级艺术家都得在他手下讨生活，他甚至还拿下了格莱美奖。他得到了大多数人梦寐以求的东西，但有一道坎似乎怎么都跨不过去——他身体不好，体重也严重超标。

贾巴里一辈子都在减肥，却始终管不住自己的嘴，成天吃垃圾食品。他节食过，甚至还参加过 3 场马拉松比赛，可到头来还是败给了自己的老毛病。他 29 岁的时候就已经 300 多磅了。

后来，他被查出患有脑瘤。突然间，他有了必须让身体好起来的动力：活下去。他明白自己必须做出改变。他一手创办的公司做得风生水起，但他离开公司，搬到了一座新的城市。在那里，他彻底戒掉了垃圾食品，还在别人的帮助下调节情绪，不再因为心情不好而暴饮暴食。他开始接受成为硬汉的第一步训练，并在一年内减重 120 多磅。最终，医生宣布他的脑瘤得到了控制。如今，查理比以往任何时候都要开心、健康，他又有了坚持下去的新动力——鼓舞别人。正因为找到了强有力的动机，他才彻底改变了自己的生活。

第一次参加半程马拉松比赛前，我就问自己，我的动机是什么。不是因为其他人盼着我的身体如何，也不是因为某个组织的筹款人希望我能为他们赢得赞助金，相反，我找到了对自己来说意义重大的一系列动机。正如我所写：

1. 我想瘦下去。
2. 我希望能过上更精彩的生活。
3. 我希望自己能有毅力和精力收获更多进步。

我得找出自己的动机，知道成功需要付出什么代价。我也得清楚，一旦失败会有什么后果。正因如此，我才挺过了艰苦的训练。我想要的远比完成这场比赛多得多。

其实，我以前从来没有跑过那么长的距离。我训练的时候最多也就跑 9 英里。我明白自己的确是自不量力。我记得比赛时，自己跑到 11 英里的时候就忍不住想退赛。有时候，半路上焦头烂额的状态差不多会持续到最后。然而正因为我有更多坚持下去的理由，最终我跑到了最后。

我曾当众宣布要参加马拉松比赛。首先，我不想出丑。此外，我劝很多同事跟我一起参赛，这样我就有了完成这场比赛的动机。要是我出的好点子无疾而终会怎么样？所以我告诉自己："我必须跑到最后，否则以后谁还听我的。"所有这些理由本质无异，它们都是强有力且独一无二的动机。

我认为史蒂夫·乔布斯堪称自主动机驱动的典范。他在 20 世纪 90 年代末回到苹果公司时，公司濒临破产。要不是乔布斯出手相救，就不会有苹果公司的今天。没有 iPhone，没有 iPad，没有 iMac，没有 MacBook Pro，没有 Apple TV，没有 Apple Watch。这些产品我每天都在用，乔布斯的动机却不局限于此。

他不仅是公司的共同创始人，还对简洁设备的价值持有先进理念。这一理念改变了公司的产品生产线，催生了新的营销策略，不但拯救了公司，还将其推上行业顶峰。乔布斯和他的团队清楚自己的动机，他们改变了世界。

那么，你们目标背后的动机又是什么？我们的欲望受社会环境影响，制约着我们对自己主要动机的识别。有时候，我们以为自己想要的东西实际上是别人的心中所想，我们不过是在模仿别人。伯柳康在《模仿欲望》中警告我们："模仿欲望隐藏在我们所追求的目标背后，是一种不易察觉的力量。"他呼吁我们把精力放在他口中的"浓欲"上，不要浪费时间关注"薄欲"。我们不妨问问自己，我们的动机是深刻的还是肤浅的，进而找出它们之间的差别。

记录并优先处理主要动机

Record and Prioritize Your Key Motivations

我总是一下子写出一串主要动机，写上六七个才能停。我建议能写出多少就先写多少。然后，你需要给它们排序。不过无须全部排列，识别出最重要的 3 个即可。你的主要动机可能还有不少，但我发现，精简动机列表后留下的真正打动你的几个才是最有效的。看下列表，给动机排个序。这个动机为什么重要？识别出最为强烈的动机，就能找到让你坚持下去实现目标的几个理由。

举个例子，我和妻子盖尔吵架的时候——没错，我们的确会吵架——我就问自己："我为什么不离婚？"与其把这个问题藏在水底，倒不如将它拿出水面，接受它。"到底出了什么问题？"注意：我没有问"我为什么要离婚"，因为我也能给那个问题找到答案。思绪很狡猾，不论你提什么问题，它都能找到答案， 因此，提问须谨慎。所以，我把注意力放在积极的地方，寻找继续下去的理由。

这是我不离婚的几个理由。

1. 我喜欢现在的生活。要学会爱别人，婚姻是最好的教材，我的确全心全意爱着这个女人。

2. 我想当领导。先领导好自己，才能领导家人。无论领导有什么其他特征，他首先得学会主动与牺牲，这才是领导该做的事。

3. 盖尔是我最好的朋友，尽管我们有时会惹对方生气，但我信赖她，有了心事总会说给她听。

我会给人生的每个重要场合、订立的每个目标做份动机列表。9 大生活领域都需要这样的列表。即便是你如鱼得水的领域，也少不了这样的列表。你做事的时候也许会遇到瓶颈期，如果能事先做好准备，这样的练习绝对可以帮上大忙。每当我彷徨无措想要放弃时，就拿出列表，好好看一看。它能立刻让我找到方向、充满能量。它让我脑中退缩的声音安静下来，重新回到赛场。

10 年前，我埋头撰写《平台：从喧闹世界脱颖而出》。我的写作目标明确："2011 年 11 月 1 日向出版社交付 5 万字的手稿。" 2011 年新年伊始，我就着手写作。直到 8 月，有 5 千字难住了我，我绞尽脑汁也无从下笔。可我还有不少工作要做。接着，我忙忙乎乎到了秋天，演讲、培训、咨询邀请蜂拥而至。我的事业刚开始不久，我无意拒绝任何邀请，自然是忙得不可开交，因此我的手稿没有一丝进展。

我知道自己的稿子还差得远，11 月很难交稿。说实话，我很泄气，觉得自己无论如何也完成不了。我顾不上自己付出的努力，打算就此放弃。这时，我想起妻子之前和我说过多次的话："一旦失去动机，人就失去了方向。"我还记起自己写下的一连串主要动机。我知道，一旦事情变得棘手，它们的重要性就会凸显出来。

这是我当时列出的 3 个最重要的动机：

1. 我想帮助成千上万的作家、艺术家和未来的创意家。有了这样的平台，他们才能脱颖而出，这也是我起初写这本书的基本动机之一。

2. 我想成为平台搭建的权威专家，为自己赢得更多相关话题的演讲邀请。

3. 我想证明平台搭建是可行的，并借此来卖书。

我又想起自己的主要动机，重新燃起了激情。我决心继续完成手稿。我晚了几周，但最终还是完成了。《平台：从喧闹世界脱颖而出》成为了《纽约时报》评选的畅销书，这一切都是因为我想起了自己的动机，找到了出发的理由。回首往事，我不敢去想，要是我没有为这本书准备动机列表会怎样？有件事是肯定的，我的生意不会像现在这般红火，这本书也不可能呈现在你面前。

感知主要动机

Connect with Your Key Motivations

所谓感知，主要有两种方式。

首先，用脑子去想。对动机有理性层面的认同感很重要。这种理性的认同感也许是你做过的一些研究、出色的数据，又或者是你觉得在理性层面有说服力的论点。

其次，用心去感受。了解动机是什么的确重要，但感知危险也很关键。想象一下，实现了目标是什么感觉。或者反过来想想，要是没能实现目标，又会怎样。

我做力量训练的主要动机之一是让自己精神好、耐力强、动力足。我细想了自己的动机，因为我知道得到这样的结果需要付出怎样的努力。我用心感受，因为我记得常规力量训练的感觉。即便还未开始运动，我已经感到自己精神好、耐力强、动力足。

新墨西哥州州立大学的研究员调查了人们喜欢运动的原因。一个研究组里 90% 的人表示，他们之所以运动，是想感受运动后的美好。另一个研究组里 70% 的人表示，他们之所以运动，是喜欢运动带来的成就感。写下动机很重要，感知动机更为关键。

还有个例子是我的一周规划。我把自己一周的时间分派给高回报工作、琐事以及日常生活。我先腾出时间做高回报工作，它们是我生意的主要收入来源，也是我最热衷、最擅长的事。然后处理琐事，做些单调的日常管理。再为日常生活留出休养生息的时间。

我以前常常连轴工作，后来才察觉到周末彻底放松的智慧。我的主要动机是给自己充充电，和家人朋友们好好聚聚。我在理性上明白这一点，也明白关于这一点的研究结果是无可辩驳的。单这一点就足以让我行动起来，好好休息。然而我感知这动机却花了些时间。我热爱我的工作，要完全不去想工作的事并不容易。然而现在，我爱上了休息日，满心期待着它的到来。我不但用脑子想，还切身体会到它的好处，所以坚持了下来。

每个人都在为坚持下来做着不懈努力。前文里提到的学员雷便是其中一个。年复一年，他坚持为自己设定健康目标与理财目标。然而，他不善理财，健康状况也日益恶化。他的生意做得风生水起，只是花的比挣的多，一下子欠了40万美元的消费贷款。一听到这事，我差点从椅子上跌落下来。可那仅仅是个开始。几年前，雷确诊了帕金森综合征，这种中枢神经系统退行性疾病会让他变得异常虚弱。

雷说："我快50岁了，我总和自己说，总有一天能还清贷款，总有一天能照顾好家人，总有一天能攒下养老金，总有一天能锻炼好身体，总有一天能去旅行，去做结婚时答应妻子的那些事。可现实突然横在我面前，那一天可能永远也来不了了。"

确诊那一年，雷的状况真是一团糟，他还发现自己的动机早已被深埋了起来。"警钟终于响起，我才发觉，要么现在行动起来，要么干脆就别做了。我知道家里人在看着我。我想为他们拼一把。我想参加儿子的婚礼，还想抱抱孙子。"出于这些理由，即便已是风烛残年，他又燃起了激情："我想停下来，想放弃，我给自己找

感知主要动机

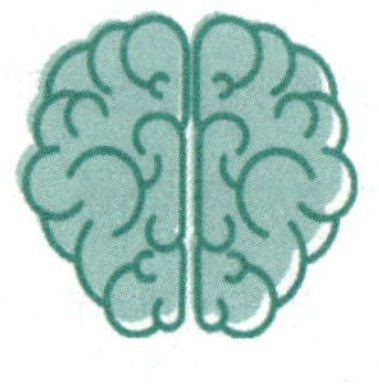

用脑子想　　**用心感受**

我们了解改变自己的益处，然而不用脑子去想、不用心去感受，就什么都改变不了。

了无数借口，可这些动机还是让我坚持了下来。”

那年过后，雷很快瘦了 50 磅。他的健康状态着实让医生吃了一惊。他公司的销售总额首次达到了 100 万美元，他也还清了欠下的 40 万美元消费贷款。

另一位学员孙迪・乔也有段感人的经历。2009 年，她住进了救赎之家，希望改变自己的生活。她常常去看医生，去祈祷，克服了几次痛苦的创伤经历。“那是我做过的最痛苦也是最有意义的事。”她回忆道。2012 年，孙迪・乔感受到心灵的召唤，想去帮助有需要的女孩获得救赎。直到有个朋友出了意外，她决心真正开始行动。

每过一年，孙迪・乔就更加认同救赎之家。一开始，她不过是想了解下这里的情况，只在白天过来帮帮忙，渐渐地，她住了进来。

“我遇到了不少问题。”她说，“但我记得自己的初衷。”你无法想象，她告诉我她实现了自己的目标，打开了通往救赎之路的大门时，我有多么兴奋。

重点：**你需要写下自己的动机；你需要感知主要动机，不但用脑子去想，还要用心去体会。**

你的风险何在？
What's at Stake for You?

当做法看起来收效甚微时，想想自己的初衷。盯着目标扪心自问：“这个目标为何对我意义重大？有何积极的影响，又有何消极的影响？”回答完这些问题，我建议你们列出脑中最强烈的三个动机，并给它们排个序。后面的目标制定模板是特意为你们找到主要动机而制作的。

为了更好地实现目标，我将在下一节分享管理动机的几个方法，即便你认为希望渺茫但也不妨一试。

11
不忘初心
You Can Master Your Own Motivation

即便天赋平平，有了非凡的毅力，也一定能够成功。

——托马斯·福韦尔·巴克斯顿

如果一开始便没有足够的热情，你根本就无法坚持到底。

——史蒂夫·乔布斯

5 岁时，爸妈给我报了钢琴课。我一开始并不喜欢弹琴，可上了九年级后却爱上了它。一时间，我不但钢琴弹得好，还成了崭露头角的摇滚键盘手。我的改变正是源于动机。

后来，我开始学吉他。起初是古典吉他，后来还弹上了电吉他。我和几个高中同学组建了乐队。我的乐感不错，但仍须学好音阶与和弦，记住歌词，学会和其他乐手配合。一开始，我们演奏起来的效果就像巷子里乱窜的小猫，但慢慢好了很多。我喜欢克罗斯比、斯提尔斯、纳什和杨（偶尔喜欢），所以也会弹弹原声吉他。上了大学，我加入乐队上台表演，还学会了弹贝斯。

那时候，我经受过真正的挫败。我有时想着放弃，去做些轻松的事，但我很高兴自己没有那么不争气。我的本事见长，坚持下来还发现了成功的真谛。一开始，我弹琴不过是想成为“摇滚之神”，后来却发现弹琴越来越有意思。直到现在我依然坚持弹琴。

我们都见过聪明、训练有素的天才萎靡不振，放弃自己的梦想。**常人要是想成功，需要付出更多的努力。所谓毅力、坚持不懈或是勇气，不过是事情变得棘手而我们没了激情时，推着我们继续前进的力量罢了。**想想虚拟现实设备、平板电脑以及电子书的开发人员，如果不是当初的那份激情，他们怎么能让这些技术及产品问世？如今，这些产品依然备受关注，因为还有人在想办法修补漏洞、提高效率，并进行优化。如果我们持之以恒，成功也会发生在我们身上。

牢记初衷，我们还须驾驭动机，才能有毅力蹚过泥沼。我想给大家分享四个方法：将收获埋在心底；实事求是；“链条与游戏”；衡量自己的所得。

将收获埋在心底

Internalize the Reward

上文中提到了自主动机的优势。外部动机固然有效，但远不及自主动机的效果来得长久，尤其是当我们对奖励没了兴趣、心灰意冷，还没来得及成功便想着放弃的时候 。更糟糕的是，没准外部动机只是别人的想法，比如，爱人或是老板想要的。这种情怀，我们一不留神便会对成功心存怨恨。

自主动机不会有这种风险，因为我们自己在用心盼望着那份成功。你可能觉得这是在自我辩解，可这是我们的最终目标，甚至是我们生命的一部分。我打算继续聊聊这个话题，看看如何才能利用好自主动机。

来自芝加哥大学布斯商学院的凯特琳·伍利与艾利特·菲诗拜赤通过研究发现：我们更珍视过程，而并非憧憬未来，事成之后也很少再回忆些什么。想想自己面对过的挑战，运动、写作、练习演奏，无一不是如此，快乐正源于做的过程。他们的发现意义重大，因为行动的本身即收获，只要开始，我们便有所收获。

久而久之，我们便能够训练自己，内化这些奖励。要是一开始便有正确的自主动机，比如新的习惯能够带给我们的成就感，我们自然会盼着早日拥有它。这样一来，企盼收获便不再是单纯的刺激，而是转化为前进的精神与动力。我跑步时有过这种体会，一路跑下来觉得神清气爽。一旦开始，便足以让我坚持下去。之所以跑那么长的路，是因为我想要那种感觉。还没来得及系上鞋带，我就已经想象到跑步时的那种感觉，一时热血沸腾。

如同我弹奏吉他，驾驭行为最终才能让行为成为习惯。“针对演奏专家的研究表明，一旦练上一段时间，就会有效果。”来自佛罗里达州立大学的心理学家安德斯·埃里克森以及科学作家罗伯特·普尔解释道，“**技能本身便是动力。**你为自己的才华感到骄傲，你因朋友的赞赏而心花怒放，你的被认同感起了变化。”这项活动已经完全内化，成为其自身的回报。你现在没准是吉他手、赛跑运动员或是无论什么人，只要坚持下来，你会觉得“与其说是在花费，倒不如说是在投资”。

这值得一试，但养成习惯所需的时间，要取决于目标的难度。

实事求是

Be Realistic about the Commitment

从记事起，我就听说养成一个新习惯需要 21 天，最多 30 天。要是你的意志力能坚持上三四周，就成了！可我跑步却不是那么回事，我用了远不止 21 天的时间才养成跑步的习惯。我敢肯定，但凡尝试过养成新习惯的人都会认同我的观点。我们都知道，习惯背后有更多故事。

事实证明，“21 天法则”不过是个神话，并无科学依据。它用在简单的事情上可能管用，但复杂的习惯和挑战要耗费更长的时间。来自伦敦大学的研究员跟踪调查了一组尝试改变习惯的人。他们发现，三四周可不行，要想让新习惯成为自然而然的事，平均下来需要 66 天——比人们常说的时间的 3 倍还要多。据说，有些习惯，甚至需要 250 天才能养成！

然而目标迟迟实现不了，人们很容易失去动力。你可能需要再努力些，才能实现目标。幸运的是，有几个好方法帮助我们养成良好习惯。要是习惯不好养成，我们可以运用动机，将收获与习惯联系起来。一周跑 6 天可能不是你的目标，但要是你真心打算实现什么目标，比如在 8 月 1 日前瘦 20 斤，动机能够在早上叫醒你，让你早些起床，赶到追梦的路上。管用的话，我们可以进一步思考，习惯并非完成任务那么简单，而是为了得到更大的成就。习惯的养成其实是实现目标后下一步该做的事。如果你能看到更多的收获，就更容易坚持下去。

链条与游戏

Chains and Games

还有个窍门是习惯养成记录。书后的目标制定模板中就有习惯养成记录表。它简单易行，有时甚至就跟在日历上做个标记一样轻松。正是这种方法，让美国著名喜剧演员杰瑞·宋飞养成了写作习惯，这事家喻户晓。他的方法是每天写一个笑话，并在日历上做记号。“几天后，你会有一个笑话链。”他解释道，“坚持下去，那个链条每天就会再长出一些。你会喜欢上那个笑话链，要是一连几周都小有成就，你会对它爱不释手。下一步，你只要保持链条不断就好。”

你可以利用日历簿或是在任务管理系统里建个重复性任务来完成同样的事。我们的目标制定模板上也设计了习惯养成记录表，帮助大家跟踪这些习惯目标。习惯养成记录的方法适用于任何习惯。

无论想实现什么目标，都可以利用这个链条：每天跑几英里，

日历簿

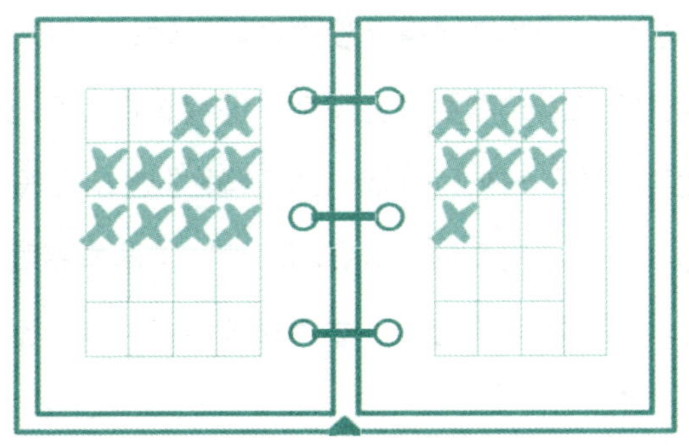

习惯的养成需要时间，而且总会比你想象的要久。坚持做习惯养成记录能够让你不断努力，直至习惯根深蒂固。

每周打几个推销电话，每个月抽时间和爱人在晚上约个会。作家通常需要完成每日字数目标。一次，作家弗兰·勒博维茨站在苏富比拍卖行外向里面张望。她是来看家具的，却碰到个熟人，他问她想不想看看马克·吐温的原版手稿。哪个作家会不想？他们翻看了几页，熟人有些诧异："马克·吐温在书缝里写了一串小小的数字，我们还不知道那是什么。"勒博维茨是个作家，她知道是怎么回事。"我并不是研究马克·吐温的专家，但是对写在各处的数字略知一二。"她说，"他在计数。"

"真可笑！"熟人说。

"我敢打赌。"勒博维茨说，"数一下。"他们数了数字数——她说得没错。

"马克·吐温的稿费一定按字数结算。"熟人猜道，但勒博维茨不这么认为。

“这可能和按字数结算稿费没关系。”她说，“马克·吐温可能是想让自己知道每天需要写多少字，他会想，我完成了吗？就像待在汽车后座的孩子一样——我们到了吗？”这让我联想到《汤姆·索亚历险记》和《哈克贝利·费恩历险记》这两本名著。要完成它们困难重重，就像场可怕的梦，然而却被一点点创作出来了，过程也被记录了下来。

另一种跟踪目标进度的方式是“游戏人生”。艾利特·菲什巴赫在《内生动力》一书中描写了《精灵宝可梦 Go》手游如何帮助自己朋友的女儿在患糖尿病期间多运动的经历。女孩每天走两英里锻炼身体，然而这个习惯很快变得枯燥乏味，她干脆不运动了。父母和医生决定给她制定健康计划，强迫她通过锻炼来控制病情的时候，她心血来潮下载了《精灵宝可梦 Go》。这个游戏太有意思了，她不但开始重新走路，锻炼的劲头也比以前足了。这种事情并不少见。据统计，2016 年夏季游戏高峰期的时候，美国各地用户的步数增加了 1440 亿步。

几年前，我想养成每天多喝水的习惯，于是下载了一款名为《植物保姆》的软件。我“受雇”照顾一棵电子植物，每次喝完水，登录软件做好记录，那棵植物就一副浇过水的样子。可要是我忘了按时喝水做记录，那棵植物就会枯萎而死。真是不可思议，我想让那棵植物活着。这款游戏软件让我开开心心地坚持多喝水 90 天。现在，我多喝水的习惯根深蒂固。我的精力更加充沛，思维更加清晰，观察更加敏锐。游戏让习惯的养成更加快乐。在游戏中，我画了足够长的时间线，让习惯变得根深蒂固。

游戏人生之所以效果显著，是因为它增强了我们实现目标的内在动力。下载《精灵宝可梦 Go》或是《植物保姆》，让自己实现目标的过程变得有趣。好消息是，只要留意到我们周围的乐趣就能够实现游戏人生。我朋友的女儿并不需要自己发明游戏，来激励自己起身到外面走一走。我也不需要开发一款应用程序，来假装在养活植物而多喝点水。菲什巴赫以及其他研究人员都告诉我们，即便实现目标的过程中遇到瓶颈，也用不着重新发明什么工具。

衡量自己的所得

Measure the Gain

要是我们定个宏大的、富有挑战的目标，马上会发现面前的路还很长，难免会泄气。我们会批评自己，垂头丧气。如果你的目标是写书、还房贷、存退休金，那么，你害怕抬头看到面前的长路也无可厚非，这是因为我们只关注差距。我从丹·沙利文身上学到些东西，让我重新思考这个问题。丹说，要衡量所得，而不能只看差距。

因此，花上一分钟来看看自己的所得，看看自己走出了多远，用进步激励自己，有助于我们继续走下去。这就是设置里程碑对完成目标有帮助的另一个原因。里程碑不但能将宏图大志化整为零，方便管理，还为我们提供了衡量进展的依据——无论是要走的路还是走过的路。衡量过往所得，我们的毅力会更加坚定，还能收获更多动力。

艾利特·菲什巴赫提出了一个补充概念，她称之为“小面积原则”，即根据进度的变化，我们会从展望未来或回顾过去中获得动力。“根据小面积原则，”她说，“要保持动力，我们就得将自己的下一步行动与已取得的进步或是还需要付出的努力中较小的一项作比较。起步的时候，我们应该先回头看一看自己做了些什么。等到目标达成一半的时候，则要看一看前面的路还有多长。”

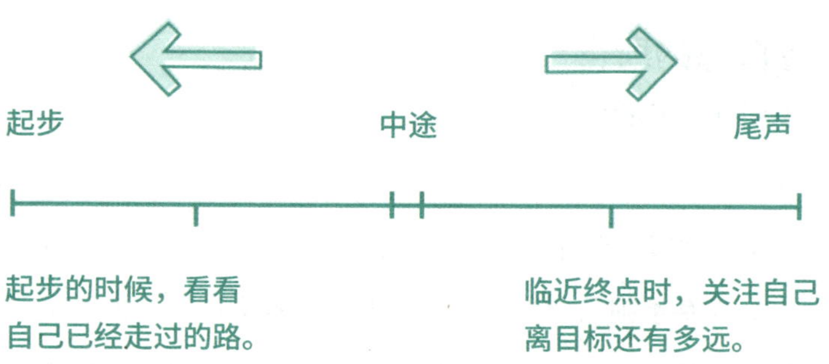

比如，你想养成每天走 10,000 步的习惯。第一天的时候，别总惦记着 10,000 步的目标，多留意一下自己的步数是如何一点一点增加的。鼓励自己：你已经走了 2,500 步啦！一旦超过 5,000 步，你最好盯着剩下的步数，尤其是越来越接近终点的时候。

存钱也是一样。比如，你想多存点应急的钱，存到 5 万。起初，你得关注自己存了多少——5,000、10,000、15,000……随着越来越接近目标，你的干劲儿就越来越足。4 万可是一大笔钱，如果你能存到 4 万，离目标只差 1 万的话，你就不会放慢速度。最开始的 1 万似乎不容易，相比之下，最后的 1 万就轻松多了。因为你已经存了一大笔钱，所以剩下这 1 万存起来会非常轻松。

要保持动力，就得实时衡量所得。如何衡量？《高效能人士的执行 4 原则》的作者克里斯・麦克切斯尼、肖恩・柯维以及吉姆・霍林区分了预先措施与倒推措施。倒推措施向后看，用于确定目标是否能实现。想想截止日期、终点和目标。你能按时交毕业论文吗？你能挣到 1 万美元吗？你能达成销售目标吗？倒推措施能够很好地衡量目标的实现，因为它与终点息息相关，但它往往是一次性的，且有很长的路要走。如果这样衡量，就很难获得动力。

预先措施刚好相反。它不向后看，只向前看。它能衡量你的行为能否帮你实现目标。如果实现销售目标是倒推措施，每周打几个电话就是预先措施。为什么呢？因为这些措施能让你实现销售目标。通过选择正确的衡量标准，我们可以继续前进，甚至加速前进。

渐进的胜利
Incremental Wins

成功是不断变化的结果，可我们生活在需要获得即时满足的社会中，我们可能会等不及。只有把控好动机，我们才能在过程中多逗留些时间，看着自己的进步演变为巨大的成就。我们还可以找个朋友一起来实现目标。接下来我将讲述这方面的内容。

12

有朋友的旅程更精彩

The Journey Is Better with Friends

竭尽全力找到最聪明的人，让他们待在你身边。

——玛丽莎·梅耶尔

我们周围的人影响着我们的成败。

——布拉德利·斯泰克尔

约翰·罗纳德·瑞尔·托尔金创作的儿童文学《霍比特人》意外成功。1937 年秋天，出版商来信请他写续集，说人们都“嚷嚷着要看霍比特人后续的故事”。托尔金起初并没有写续集的打算。“我有些不安。”他写道，“我想不出霍比特人身上还能发生些什么事。”续集的事也许该就此结束，但事实却恰恰相反。托尔金说，他写了不少中土大陆的事，霍比特人正是生活在那个奇幻的世界。尽管对手稿信心十足，他还是主动拿给出版商先过目，“克莱夫·斯特普尔斯·路易斯和孩子们给了我不少意见，可我还想听听别人怎么说，问问大家抛开霍比特人，这故事是否值得一看”。

托尔金心下一动。20 年来，他忙着兼职写作，尽管百无聊赖，但收入足以养家糊口。现在，尽管还没想好续篇如何下笔，他开始琢磨如何推进续篇。“我必须承认，您的来信让我的心底燃起了微弱的希望。”他继续写道，“我想责任（挣钱）和欲望（给予深爱的故事的那份激情）可能将来不再有重逢的机会。”

从他举棋不定的话中不难看出：这是个好机会，他既能写自己喜欢的故事，还能创收。托尔金知道，改变他人生的机会到了，他只要再写上一部小说，最好再写几个霍比特人的故事。轻而易举，是吧？起初的确是这样。到了圣诞节，他写完了续集的第一章。他启程了！但不久问题出现了。

各种私事、工作，加上他生了场病，他一直没怎么继续动笔，甚至有几次，他差点放弃这部作品。“我彷徨无措。” 他写道。从他的信上，你能发现他一路走来的曲曲折折，这情景真是再熟悉不过了。他在想要信心满满地迅速达成目标与没了灵感与精力之间徘徊不定。一次，他说“快乐的劳动”已然成了“噩梦”。

我之所以说这情景再熟悉不过，是因为我们在实现宏图大志的路上也会经历类似的事。动机和自信如波浪般起起伏伏。托尔金是如何不再彷徨，鼓起勇气写完《魔戒》这本畅销书的呢？答案要从托尔金的朋友克莱夫·斯特普尔斯·路易斯说起。

每当托尔金有了放弃的念头时，路易斯总会鼓励他坚持下去。“要不是他的支持，要不是他的友谊，我永远也走不到最后。”他说。那时是 1954 年，刚好第一批书评即将问世。十几年过去了，他依然对路易斯的帮助心存感激：

> 我欠他的永远也还不清，那是……全心全意的鼓励。一直以来，他都是我唯一的读者。正是他让我有了写书的想法，让我觉得自己的“东西”可以不单是个人爱好。要不是他表现出的浓厚兴趣，要不是他长久以来的热心帮助，我是无论如何也写不成《魔戒》的。

托尔金有宏图大志，然而要是少了朋友的帮助，他也很难坚持下来。喜欢与否，我们都是拴在一根绳上的蚂蚱。

成功源自你的社交圈
Success Is Your Social Circle

我们耳濡目染的文化中有个极具影响力的迷思——单枪匹马便能功成名就。实事求是一些，压根没有这种事。成功需要帮助，而且常常还需要不少，我们不能忽视社交圈的作用。正因如此，所罗门才常把友谊挂在嘴边。他说：“铁与铁摩擦更锋利，人与人配合更优秀。”他还提醒我们注意不良的人际关系：“不要和怒气冲冲的人做朋友，爱生气的人只会拖后腿，别让他们影响你，让你的灵魂停滞不前。”

同伴很重要。“特别是想让自己变得更好，打算减肥、戒瘾时，我们需要别人的帮助，需要他们在过程中给我们力量。”心理学家亨利·克劳德说，“研究表明，要是你生活在一群健康的人身边，生活在一群努力克服困难的人身边，你成功的几率会大大提高……积极的力量可以感染他人。”

通过前期的精心准备，我们可以利用好那股积极的、有感染力的力量，让自己过上最好的一年。我们不知不觉就会与人接触。也许是同事，也许是孩子学校的老师，也可能是教堂的神父，都无所谓，重要的是，你多久能和他们接触一次。和他们接触并非刻意而为。如果铁与铁摩擦更锋利，我们更需要留意别人给的恩惠。

与其乱交朋友，倒不如组建团体，大家齐心协力帮助彼此实现目标，就像托尔金和路易斯一样。

主动交优秀的朋友至少在 4 个方面价值斐然：

1. 学习。和优秀的人在一起，你会学得更快，观察力也会更强。优秀的人还会帮你想办法，教你做得更好。研究表明，与同伴一起能够提高我们的学习能力。布拉德利·斯塔茨说过，我们被新知识包围的时候，更愿意去学习它们，利用它们。与同伴在一起还能提高我们的思考能力。斯塔茨说：“他们不但和我们分享知识，还跟我们一起解决问题。”

2. 鼓励。不论是与生意、家庭生活还是信仰有关的目标，似乎都不是轻而易举便能实现的。好的朋友能够给你支持与鼓励，让你坚持下去，无畏风雨。

3. 责任心。我们需要能改变我们的朋友，需要能帮助我们将偏离的生活拉回正轨的朋友。只有这样的朋友才是真正的朋友。我们都知道，要是没有夏尔巴向导丹增·诺尔盖的帮助，埃德蒙·希拉里就不可能登上珠穆朗玛峰。当希拉里快登顶的时候，诺尔盖就在他身边,帮助他渡过难关。正因为他们彼此帮助,才最终成功登顶。

4. 竞争。回想前文的内容，有想法的人大都不畏惧竞争，甚至珍视竞争。这是为什么？社会压力才是真正帮助我们实现目标的力量。宾夕法尼亚大学的研究员对工作了 10 周以上的 4 个小组做了对比。第一组成员独自工作，第二组成员可以向社会求助，第三组成员两两竞争，第四组成员则分组竞争。结果呢？最后两组成员的得分相当，而前两组的得分却相差甚远。有竞争的两组的得分差不多是另外两组的二倍，即便第二组可以向社会求助也收效甚微。

任何人都无法独自生活。同心协力，才能更容易实现目标。

当然，这不仅仅是能收获什么的问题，你也会将学到的勇气和责任分享给团体里的其他成员。这意味着，你要做出选择，把自己的目标告诉能帮到你的人。

注意，我说了做出选择。

明智选择社交圈
Choose Your Circle Wisely

说实话，我有时并不相信社交圈。我曾经和别人提过我的目标。事实上，我还把目标发布在博客上，展示给全世界的人看。后来，我听到 CD 宝贝创始人德里克·席福尔在 TED 演讲上说："心理测试一次又一次证实，和别人说起你的目标反倒让目标变得更加渺茫。"为什么会这样？因为你的大脑享受到同样的满足感，似乎自己已经实现了目标一样，于是就会处处与你作对。但我知道事情并非都是如此，对吧？

我重新翻看了盖尔·马休斯的作品。她发现，把目标写下来，与支持你的朋友分享，远比把它们藏在心底要好得多。我们怎样才能处理好这两个完全相反的观点？方法就是，**分享目标，但不要分享给所有人。**我们要做出选择，与支持我们的朋友分享，与了解目标始末的人分享，与愿意帮着我们信守诺言的人分享，与可以把我们从借口堆里拉出来的人分享，与鼓励我们蹚过泥沼的人分享。

匿名戒酒会就是个典型的例子。查尔斯·都希格在他的书《习惯的力量》中调查了匿名戒酒会成功的秘诀。正如我在前文里指出的一样，相信戒掉酒能让成败变得有所不同。正是有了一群充满活力的后盾伙伴，信念才变得更加坚定。“有时，匿名戒酒会上的人环顾四周，心里默默想着，要是这方法对那个家伙奏效，对我也一定管用。”一个研究员告诉都希格：“这便是团体互助与经验分享的重要性。”

都希格做了进一步调查，找到几个例子，发现正是因为“融入了社会”，人们才有所变化。一个女人将融入团体比作打开潘多拉的魔盒，在褒义的层面。自从融入团体，她打开了眼界，相信自己不会再回头。“我再也受不了自己现在这个样子。”她说，“我得脱胎换骨才行。”都希格总结：“人在团体里的信念更加坚定。”

学员斯科特是我们这群人中的典型代表。成功实现目标后，他说：“能有朋友和我一路同行，鼓励我走到最后真是太棒了。”而且好处并不是单方面的。“我也会帮助他们。”他说。斯科特和朋友们一起在谷歌上建了一个目标页，定期监督彼此。“最好的建议是让别人加入进来。”他说，“这方法对我最有效，被监督的同时还能提醒别人，绝对值得一试。”

好的同伴就像支撑结构，帮助我们达成目标。他们坚定了我们的信念，即便陷入泥沼，我们也依然能够坚持下去。重要的是社群和大家拥有共同的信念。要是你周围有想法的人不多，你就得想办法在实现目标的路上保持动力。可要是你周围有想法的人不少，你就能获得勇气，获得精神上与物质上的支持，获得解决问题的方法，开阔视野，学到更多的东西。

好的想法并不是凭空想出来的，而是和别人聊天聊出来的。生活在好的同伴周围，我们会越来越好，会想出更有效、更巧妙的方法来应对挑战。经济学家恩里克·莫雷迪说："与聪明人相处能够让我们更加聪明，更有创造性，收获更多。越聪明，效果越明显。"

我在这章开始的时候，提到了托尔金和路易斯。其他有创意的同伴也一样有活力。比如保罗·麦卡特尼和约翰·列侬，他们有时会争论一番，但常常通力合作。无论怎样，要是缺少了彼此，他们就不会有现在的成就。

哪类团体最有效？
What Groups Work Best?

不同的团体特点各异，这取决于你对在团体里交几个知心朋友的意愿。以下是几种不同的团体，或许对你有帮助。

网络社区。我很骄傲，读者和博客听众帮我们建立了网络社区。在那里，成千上万位优秀的企业家，包括我自己，都能够获取信息，获得鼓励。我们还在 Facebook 上为目标制定模板建立了社区。每个星期，我们都能目睹参与者的自我突破与改变。无论你想实现什么目标，这种团体都能帮你抵达终点。

跑步健身社区。你可以加入已经成型的社区，比如健身课程或跑步俱乐部。我第一次参加半程马拉松前是独自一人做训练。然而第二次、第三次我就盼着能有人来帮帮我，于是我女儿梅根为当地一家慈善机构组织了一个跑步小组。比赛前一连 4 个月的时间里，我们三十来人一到周六早上就聚在一起跑步。大多数社区都有共通之处，要是当地没有社区，干脆自己建一个吧。

交流社区。一对一辅导能够帮你养成好的习惯，给你意见，告诉你别人是如何挺过你眼下的难关的。这类团体更适合在行业内小有成绩的人和愿意把经验分享出来的人。几年来，我参加过几个这样的团体，它们帮我在实现个人目标和职业目标上取得了巨大的进步。

指导型社交圈。每个人都需要引导，并且越多越好。在这里，导师会面对面或在线分享经验，鼓励我们、刺激我们。我就是这种团体中的一员。几年来，我领导了几个指导小组，最近还对我自己的生意做了指导。我把专家聚在一起，分享痛苦、分享喜悦，不断成长。指导型社交圈的诀窍是，能意识到我们在一条船上，而且有人已经见过甚至亲身经历过我们目前的困境。要想以最快的速度成长，就得通力合作，向比我们强的人学习。

读书学习小组。无论是生命、信仰，还是家庭、生意，我们需要学习的东西还有很多。有时，最有效的学习方法是几个人围坐在桌旁，一起读读这方面的书。书给了我们前进的方向，积极的人际关系能够让大家聊些比书更重要的东西。

责任小组。有些责任小组很严肃，比如匿名戒酒会、萨姆森协会；有些责任小组却很随意，比如斯科特和他的朋友们。成立责任小组是为了邀请组员监督彼此，组员之间事先定好奋斗路线，要是出了什么岔子，就鼓励、刺激对方。

好朋友。什么也取代不了好友。路易斯和托尔金的友谊持续了数年，即便二人的关系有时会有些紧张，但也都让彼此获益良多。路易斯偷偷向诺贝尔委员会推荐了《魔戒》，虽然没有获奖，却足以证明托尔金的作品在他心中的地位。我发现我的朋友也是一样。我总是忙着工作，忙着照顾家人而顾不上他们，但好友却像支撑着我生活的支柱。要是好友知道了我们的梦想和目标，他们会竭尽所能支持我们，让我们激情澎湃地前进。

千万别错过机会
Don't Miss Out

主动交朋友会让我们收获更多，让我们变得更有创造性、更有价值，这比我们单枪匹马有意义得多。如果你和我一样，交朋友可并不容易。工作和家庭琐事让你交不上朋友，特别是交不上什么知心朋友。但你要是想过上更好的生活，千万别错过机会！朋友能在工作和生活上帮我们大忙，他们的作用不可估量。

行动计划 第 4 步

1. 回忆动机

从识别主要动机入手。你的初衷是什么？它对你来说为什么重要？找个笔记本，要不就拿出一张纸，列出主要动机。只列动机还远远不够，记得给它们排个序。把最重要的理由写在前面。最后，用脑子去想，用心去体会。

2. 驾驭动机

追逐目标的过程中，有五个方法能让你坚持不懈：

（1）确定你的奖励，并为之努力。久而久之，任务本身就可以成为一种奖励。

（2）要知道新习惯不是几个星期就能养成的，没准需要五六个月，所以别期望太高。

（3）游戏人生。请习惯使用一些养成软件和日历簿帮忙。

（4）正如丹·沙利文所说，要衡量所得。珍视每个小的成就。

（5）一旦目标过半，越来越接近终点的兴奋会让你充满干劲儿。你就要成功了！

3. 组建团体

如果有朋友同行，目标的实现会容易很多。

主动交朋友提供了成功路上不可或缺的 4 个要素：学习、鼓励、责任、竞争。

至少有 7 种团体，能够帮你成长，帮你实现目标：

· 网络社区

· 跑步健身社区

· 交流社区

· 指导型社交圈

· 读书学习小组

· 责任小组

· 好朋友

如果找不到合适的团体，千万别犹豫，干脆自己建一个吧。

STEP 5

付诸实践

Make It Happen

美国南北战争初期，乔治·布林顿·麦克莱伦将军是战场上一颗耀眼的明星。前期的连续胜利为他赢得了“美利坚拿破仑”的称号，华盛顿的领导人也注意到了他。不久后，林肯任命他为波多马克军团司令，后来又提拔他为北方联邦军总司令。北方人民为之欢欣鼓舞。

《费城询问报》在麦克莱伦晋升的报道中写道：“北方军队将在麦克莱伦的带领下战无不胜。”但这种热情并没有持续太久。新任总司令在训练时雷厉风行，打仗时却优柔寡断。麦克莱伦不断地计划、准备，但就是永远都准备不好。为麦克莱伦作传的历史学家斯蒂芬·西尔斯说,即使是在明显占据上风的时候,麦克莱伦也会表现出一种“强迫性谨慎”。过度的计划和准备带来的是反应慢、不作为。

麦克莱伦的不作为直接导致北方军队在安提塔姆会战中惨败，给了罗伯特·李将军进入北方的机会。“北方军队的人数是敌军的两倍，但即使在这种情况下，乔治·麦克莱伦的目标仍然是不被敌军打败，而不是击溃敌军。”历史学家斯蒂芬·西尔斯说，“到了第二天，他仍然不敢追歼罗伯特·李。”麦克莱伦在应该进攻的时候却选择了防守。林肯说过一句很有名的话：“如果你不想用你的军队，不如把军队借给我。”

麦克莱伦的一个问题就是，他经常高估敌军的规模。他越认为敌人强大，对自己就越没有信心。最后，他拉长了战争时间，南北双方成千上万的士兵因此而牺牲，他也最终失去了林肯的信任，失去了机会。在我们对未来一年的规划中，麦克莱伦的故事具有重要启示意义：确定目标是成功的一半。成功的另一半在于采取行动。那么我们应该如何采取行动？这就是我们在“STEP5 付诸实践”中将探讨的内容。有梦想和计划还不够，实现目标在于行动，一起来看看具体做法。

13
成功多步走
One Journey Is Many Steps

梦想和现实分列两端，行动将二者连通。

——阿萨塔·沙库尔

伟大并非来自一次冲动，而是由一系列小事汇集而成的。

——文森特·梵高

本书开头，我们讲了攀登珠穆朗玛峰的故事。攀登珠穆朗玛峰很好地象征了我们追求目标的过程。另一个浮现在我脑海中的类比就是帝国大厦。

站在人行道向上看，帝国大厦俨然是庞然大物。屋顶几乎高出地面四分之一英里（超过1,200英尺），而整座建筑的高度超过1,400英尺。这座建筑被称为摩天大楼不是没有道理的，站在建筑底部，你几乎看不到楼顶在哪里。

这和我们的目标很相似。你能想象到最后的结果，但此刻却无法看见它。艰巨的任务，消耗我们的勇气，削弱我们的信心。例如，我们走进不适区，立下了雄心壮志。对于这样的目标，我们不可能一蹴而就。当我们想到途中的困难，可能不禁怀疑自己是否能够达成目标。我们不是超人，不能“一跃而上高楼”，但我们有自己的办法。

人人都可以登上帝国大厦。你可以走楼梯。到观景台要走 1,576 级楼梯，经常有运动员在这里参加登楼比赛。如果你速度够快，你可以在 10 到 12 分钟内到达楼顶。没有人可以一跃登顶帝国大厦，但是一步一个脚印地走，最终也会到达目的地。

约翰・考夫参加了 9 次帝国大厦登顶赛。这位 71 岁的商人、体育推广人、前超级马拉松选手，几年前进行了髋关节置换手术，同时膝盖也有伤病。因此，在最近的一次登顶中，他是步行完成的。但是他成功登顶了。我们在追求目标时也可以采用相同的策略：一步一步地走。接下来，我们看看如何走出第一步。

开头的艺术

The Art of the Start

我总能看见一些人陷入计划和准备中。他们希望发布新产品、找一份新工作、健身、写第一本书，却迟迟不愿行动。他们和麦克莱伦将军一样，永远都觉得自己没有准备好，所以就把宝贵的时间用来幻想、调查、计划。别误会，有时候详尽的计划是必不可少的，比如说制造核潜艇的详细计划。但是，对于我们通常的目标而言，制定过分详细的计划容易发展成变相的拖延，因为制定计划比采取行动要简单得多。

在这个阶段，最重要的就是运用开头的艺术。你不一定在开头就要看到结尾。对于远大的目标，你很可能看不到结尾。不过没关系，你也没必要看到。要登上帝国大厦，不需要从起点就看到终点，你只需要看到下一步就够了。

不管是什么样的目标，一次只能走一步。但如果我们和麦克莱伦一样， 把对抗力量想象得坚不可摧，我们就会犹豫不决，灰心丧气，甚至不战而败。

我们可以做些什么呢？

先做最简单的事
Do the Easiest Task First

多年前，一位励志演说家曾鼓励人们“吃掉那只青蛙”，意为先完成最困难的任务。这句话有它的道理：停止拖延，先做让你害怕的事，一旦完成了最困难的任务，剩下的事就简单多了。这个方法对克服拖延可能有帮助。但实现大目标、大项目的方法却恰恰相反，最简单的任务应该最先处理。

我写过好几本书，写每一本书的步骤都一样。首先写最好写的部分，例如书名页、献词、目录，然后思考章节编排，先把最简单的一章写好。写一本书似乎是一个艰巨的任务，但是写一章还是可以接受的，尤其是最简单的一章。不管是发布新产品、新项目，还是完成任何重大目标，我都会采用这个方法。

设立目标要在舒适区之外考虑，但执行目标却要从舒适区之内开始。原因有几个，**首先是动力原因。**万事开头难，如果你从最简单的事入手，就相当于降低了行动的门槛。大脑接受这个暗示后，就会很快投入工作。

其次是情绪原因。快速取得初步胜利可以振奋精神。研究人员弗朗西丝卡·基诺和布拉德利·斯塔茨认为："完成简单且程序化的任务能够有效提升能力，为处理困难且重要的任务做好准备。目标完成时，大脑会分泌多巴胺。又因为多巴胺能够提高注意力、记忆力，以及动力，所以即使是实现一个小目标也会产生正反馈循环，这对后续努力具有激励作用。"这与我的个人经验完全吻合。我的情绪会随工作进展而高涨，自信水平也随之提高。

最后是持久力原因。开头简单，进展顺利，才能获得源源不断的动力，就像我写书一样。基诺和斯塔茨认为，先完成一部分任务，就可以把思维和精力全部集中在剩下的任务上。可能你会渐渐发现后面的任务也并不是那么难。但如果反过来，先处理最困难的任务，你很可能在完成前面的几个任务之后就已筋疲力尽，这时看着一长串待办清单，即便是简单的事情看起来也不那么简单了。这种方法是持久力杀手，你很可能会备受打击，甚至放弃整个计划。就好像我的私人教练不会在我刚走进健身房的时候，不让我热身，上来就让我做 150 磅的仰卧推举，这太不理智了。先热身后锻炼才是正确的做法。这就是要从舒适区开始执行计划的道理。

以健身为例，如果你的计划是今年跑一次半程马拉松，这个目标在你的不适区，你也不能完全确定实现这个目标的方法。可能你以前也这样挑战过，然而不幸失败了。难度不是放弃梦想的理由。刚开始不要去想自己能不能成功，只需要思考下一步行动，例如找一个教练。

你现在只需要一个独立的任务。只要第一步的难度足够低，你就随时可以行动。完成第一个低难度任务后，你可以立刻开始计划下一步。不管总体的目标有多大，只要一次只走一步，目标总是可以实现的。你可以参考本书末尾的目标制定模板示例，从总目标中拆解出后续步骤。

远大的目标总是看似遥不可及，因此你可能很容易气馁。解决方法很简单，只需要将不适区的目标分解成一系列舒适区内的目标即可。

如果你不能确定下一步，也没关系。这时候你可以做尝试性行动，不必担心出错。一个目标可能有风险，但一个行动没有。行动是可以设计的，你只需要试探性地迈出一小步。如果这一步不对，就换个方向，再试一次。还是半程马拉松的例子。如果你找了很多私人教练，还是不能确定最终人选，试试发一条朋友圈，看朋友们有什么建议。说不定当地就有一个跑步俱乐部，你可以和大家一起训练。不管情况如何，都要先进行尝试，尝试失败了，就再做另一个尝试。有时候你可能要尝试很多次，才能得出可行的方案。

寻求帮助
Seek Outside Help

有时候我们之所以想不到下一步，是因为我们不知道自己有哪些选择。幸运的是，不管我们的目标是什么，都会有人知道实现这个目标的方法，或者至少有比你可靠的直觉。这个人可能是你的朋友、可靠的搭档，或者是某个专家。你不一定要从零开始。

几年前，我认真努力地做力量训练。虽然多年来我一直坚持跑步锻炼，但力量训练是很难靠自己独立完成的。我告诉朋友："近几年来，我每年都把这件事当成目标，但一直没有取得任何进展。"他说："迈克，你需要一点外部资源。找个教练吧。"我恨不得扇自己一巴掌。我怎么就没有想到呢？我想学摄影，就报了摄影课程。我想学吉他，就请了吉他老师。我想学飞蝇钓法，就找了老手带我。这次也不应该有什么不同，于是我请了一个健身教练，每周指导我3次。我突然就有了动力，训练也取得了进展。

外部资源有助于寻求方案、加快进程。外部资源有很多种形式，不一定是专业指导，也可能是一本书、一篇文章，或者一期播客，有可能来自朋友，也有可能来自陌生人。无论是什么形式的资源，最终你都能找到自己需要的帮助，投入行动中。

如果你对如何增进夫妻感情、启动新业务、参加铁人三项比赛、与青春期的孩子沟通、为退休生活存钱等问题束手无策，那么我有一个好消息要告诉你：有人已经成功解决了这些问题，虽然你的具体情况和他们可能不尽相同，但他们同样可以为你出谋划策。你不懂的问题，总有人会懂。那么你的下一步行动就可以是在谷歌上搜索谁是你的助力。

非做不可

Commit to Act

不管是由独立思考得出行动方案，还是有人为你提供建议，你都要先把下一步行动规划进日程安排中。你可以把下一步行动写进日程表，或是其他任何任务管理工具中。如果你不写，就可能永远不会去做。不要想着先把其他事做完，用一天中的剩余时间来做某件事，因为你永远都不会有剩余时间，你只能主动预留时间。你必须提高这件事的优先级，把它当成一个约会，就像你和其他任何人的约会一样，保证准时赴约。

“我试试”和“我要做”这两句话大不相同。“我试试”就像是说：“我就试一试。如果有成效，那是好事。但在我没有看到最终结果之前，我是不会全力以赴的。”

然而问题是，如果不全力以赴，你根本不会看到最终结果。研究表明，如果你设计了备选方案，原始方案的成功率就会降低。只要 B 计划一出现，A 计划实现的可能性就会被削弱。为什么？因为我们的注意力会被分散，也可能在付出努力之前我们就退而求其次。

苏格兰登山运动员默里说：“**犹豫不决带来的是踌躇、畏缩、低效。**纵观所有的主动行为和创造性行为，有一条法则是永远适用的——全力以赴，必得天助。机遇、伯乐、物质援助，所有其他人求而不得的眷顾，都会从你下决心的那一刻起向你席卷而来。”

还有一半
The Other Half of the Job

麦克莱伦将军非常清楚自己目标的重要性。“上帝把一项重要的使命交到我的手中。”他在接手波多马克军团时说，“似乎我的前半辈子都在为这个使命做准备。”但他并没有完成这项使命。麦克莱伦的故事可能会在任何人身上重演。

定下目标只算成功了一半，只有行动才能成就最好的一年。在接下来的两节中，我们将探讨如何行动。前者将分享一种实用方法，用以跟踪成就型目标的进展。后者提供的是针对习惯型目标采取有效行动的方法。

14

可视化是关键

Visibility Is Essential

对于一件好事，重复或回顾两三次也不为过。

——柏拉图

规划就是将未来带到现在，从现在开始就为未来做准备。

——阿兰·拉金

震惊世界的珍珠港偷袭事件过去4个月后，吉米·杜立特将军英勇地率领轰炸机空袭日本东京，这可能是杜立特最广为人知的一项功绩，但他其实早在多年前就已经对航空业做出重要贡献。

1922年，杜立特成为首个在24小时内成功横跨美国本土的飞行员。杜立特原本计划借助月光飞行，但恶劣的天气导致他在伸手不见五指的环境下连续飞行了几个小时。幸运的是，飞机上安装的转弯倾斜指示器让他平安度过了危险。“过去5年来我一直凭直觉判断飞机的方位，并自认为在这方面积累了一定的经验，但经过这次飞行，我坚信正确使用导航仪器对恶劣环境下的飞行有重要作用。”杜立特说。仪表飞行在当时是尚未普及的新技术，但如果当时杜立特的飞机上没有安装指示器,他可能就要和其他飞行员一样，被迫在跳伞和盲飞中选择一个了。

技术革新势在必行。杜立特说：“近年来，飞机设计、导航仪器开发以及无线电通信技术的研究都取得了进展，如果能将这些技术融为一体，我相信恶劣天气对飞机飞行的影响将大大降低。”正确的仪表组合让驾驶员在黑暗中也能找到方向。几年后，他发现通过组合使用无线电和陀螺仪,可以在能见度极低的环境中安全飞行。1929 年，杜立特亲自操纵飞机，实现了人类史上首次完全依靠仪表盘而非驾驶舱外的视野完成起降和飞行的成就，证明了这项技术的可行性。

杜立特的故事提醒我们，我们通常没有为自己的目标争取足够的支持。如果没有仪表盘的帮助，在遭遇恶劣天气的时候（恶劣天气几乎是不可避免的），我们就只能跳伞逃生或是祈求好运降临。但好运并不能随传随到，这就是为什么只有一小部分人最终能够实现新年目标。和杜立特一样，我们要实现新年目标，就要使用正确的仪表组合。

本章节提供的“仪表盘”可以连接你的年度目标和日常任务。仅仅写下自己的目标和动机还不够，你还要定期回顾。只有这样，你在规划自己接下来的行动时才能做到心中有目标。

拉夫堡大学的谢丽尔・J. 特拉弗斯教授在一项研究中对写出目标并每天记录进度的学生进行追踪。她发现，这部分学生对自己的目标和进度有更深刻的认知，并能够发现某个目标的实现过程如何影响其他目标。他们能更好地分析阻碍因素以及继续追求目标实现的必要条件。

通过回顾目标和动机，我们会不断产生新的想法，不断自我检查和分析，进而在规划下一步行动的过程中坚定决心，激发解决问题的创造性思维。我将这个集回顾与前瞻于一体的过程划分为四个层次：每日、每周、每季度和每年。让我们从每日“回顾—预览”开始。

目标日日观
Daily Horizon

中途遗忘目标是我们在实现目标的过程中面临的主要挑战之一。我们有时候会分散注意力，把精力集中在其他事情上，几个月后猛然发现，当初的目标已经搁置多时。而每日的目标回顾能够有效避免这个问题。

首先列一个概括性的简单目标列表。你可以使用纸质笔记本，或是 Notion（云端笔记软件）、Nozbe（任务管理软件）、印象笔记等电子笔记本，甚至可以把目标列表裱起来挂在墙上。你需要找到适合自己的工具组合。你可以每天浏览一遍自己的目标列表，以充分发挥目标回顾的作用。看起来好像很麻烦，但实际上每次只需要一分钟，因为你的目标最多只有 8 个。浏览目标列表也是我每天早上必做的事情之一。

很多人的计划之所以未能取得进展，是因为没有建立起年度目标与每日任务之间的联系。于是他们的愿望只能留在抽屉里某张发黄的皱纸上，这在企业战略规划中是常有的事。企业每年关于重大战略目标的文件数不胜数，却没有任何机制能够将这些年度或季度目标转化成日常工作内容。最终，这些战略目标只能夹在某个大文件夹里，和其他无数文件夹一起被塞进文件柜中，此后无人问津。

每日目标回顾的作用就是建立总体目标和日常任务之间的联系。在浏览目标列表的时候，我会思考下一步行动。我会问自己：今天我要做些什么，才能离我的目标更近一步呢？这就是为什么我称它为“回顾一预览”过程。这个做法既回顾了过去，也展望了未来。我们用目标列表指导任务列表，以过去为基础来规划未来的行动。但是任务列表不能太多太杂。我通常将每天的任务列表限定在“每日 3 大事”内。所以我每天的重要任务不会超过 3 个。但这 3 个任务基本上都是我精心挑选，为实现我的目标而服务的。

很多人每天早上起来，就给自己列出 10 到 20 个任务。一天结束时，他们发现自己只完成了任务列表上的一半，因此产生一种挫败感。这就好像是自己设计了一个不可能赢的游戏。何苦挫伤自己的士气呢？如果你真的想每天都离自己的目标更近一步，你只需要一个简单快捷的方法，就是将这些大目标分解成可实现的日常任务。这就是我们接下来要谈到的每周“回顾一预览”。

计划周周观

Weekly Horizon

每周的“回顾—预览”比每日“回顾—预览”更为深刻，需要的时间也更长，但也只需要 20 到 30 分钟。每周“回顾—预览”有三个重点部分。

第一部分是一次微型的事后回顾—预览。我们在 STEP2 中介绍过事后回顾的方法，不同的是，这里只需要对过去一周进行回顾。首先，总结进步，列出得失。其次，总结本周的经验教训，思考改进方法，并写出今后将如何调整自己的行为。记录自己的改变能帮助你厘清思路，巩固决心。

第二部分是对目标更为全面的回顾。这一次不是对目标的粗略浏览，而是细致地审视每一个目标，回忆关键动机，思考接下来的步骤。无论是在思维上还是情感上，都不能脱离自己最初的动机。我们在 STEP4 中已经明确了自己的动机。明确动机不是为了坐而论道，而是让我们时刻提醒自己，始终牢记自己为什么出发。当你想要放弃的时候，这就是坚持下去的秘诀。

每周回顾能让我们牢牢记住自己的动机。有时候我们忙得不可开交，可能就会在千头万绪中忘记自己的初心。但如果我们周复一周地回顾自己的动机，就能够内化激励因素，利害关系也了然于心。

第三部分即最后一部分，是通过每周回顾对下一周的任务做到

心中有数——也就是预览。从上文麦克莱伦将军的例子可以看出，必须根据总目标设计后续步骤，否则就无法有效推进目标。现在我们要做的就是将后续步骤进一步分解，得出下周要完成的任务，我称之为“每周三大事”。我认为这是获得动力并保持动力的最好方法。“每周三大事”确定下一周必须取得的成果，“每日三大事”又以“每周三大事”为指导。总体过程如下：总目标→后续步骤→每周三大事→每日三大事。

我们可以通过一个例子来看这个过程。假设，你想修复一辆经典款大众甲壳虫车，作为女儿 16 岁生日的礼物。你女儿的生日在 10 月 18 日，现在是 3 月 1 日。时间不算充裕，但还是够用的。你现在压力很大，因为 16 岁生日是女儿人生中的一个重要时刻，你想给她一份特别的礼物。

后续步骤中最重要的应该是买一辆预算内的车，然后把这辆车运到家里，因为你要在家里对它进行修复。那么接下来呢？你可能会做一份完整的计划进度表，但其实没有这个必要。首先把车买回来，这一点是可以确定的。接下来你就可以通过每周回顾，将总计划分配到日程安排中。

买车必须是第一周的“每周三大事”之一。根据当周其他事项的轻重缓急，你可以安排周一与妻子商量预算事宜，周三上 eBay（线上购物平台）、Autotrader（汽车交易平台）了解行情，周四下单订购。同时这些任务又会成为你当天“每日三大事”之一。

从总目标到日常任务，我们的目的就是以目标指导行动，保证每周都在不断向总目标靠近。不管你用的什么工具，只要每次都用心总结，回顾的过程就会像在绘制一幅路线图，带着你一步步实现目标。

和登顶帝国大厦一样，完成“每周三大事”，就是在这座摩天大厦中更上一层楼，而“每日三大事”就是这层楼的其中一组阶梯。令人振奋的是，我们上升的高度是不断累积的。我们就是这样一步又一步，一层又一层，一直走到最高处。

目标季季观

Quarterly Horizon

我在 STEP3 中提到，最好将一年的目标分配到各个季度中，才能立刻开始行动，避免遥远的截止日期导致我们态度散漫。按照季度设定目标，就意味着我们每 3 个月都要对本季度的目标实现情况进行一次深度的“回顾—预览”。

和每周的“回顾—预览”一样，我建议先将整个季度作为整体进行一次事后回顾。此外，季度回顾的主要目的就是分析目标和现实生活之间是否仍具有高度相关性，如果没有，那么需要做出什么调整。我会用一整天的时间来进行季度回顾。但如果时间紧迫，我也会用一两个小时来完成。

在季度“回顾—预览”中，你至少有 5 种选择：

1. 庆祝胜利
2. 重新开始
3. 修改目标
4. 删除目标
5. 替换目标

选择一，庆祝胜利。可能某个目标已经取得了里程碑式的成功。这时你就可以庆祝这胜利的一刻。我是非常支持庆功的。最近，我把整个公司的员工（以及员工家属）带到加勒比海的一艘游轮上庆祝我们的一次重大胜利。并不是非得等到实现整个目标才能为自己欢呼，庆祝小成就也很重要。事实上，目标越大，在漫长过程中对小成就的庆祝就越关键。

欣赏自己的进步，从进步中获取愉悦，才能在漫长的旅途中保持情感的投入。庆祝行为能够激发大脑中的奖赏效应。耐力运动员克里斯托弗·伯格兰说：“奖赏效应是推动你追求目标的重要动力……自我庆祝并不是狂妄自大，它利用的是大脑中的奖赏通路，刺激大脑释放更多的多巴胺。”越是胜利，兴致就会越高。所以千万不要轻视庆祝胜利的作用。

选择二，重新开始。有时候你可能很想放弃。你转身离开赛场，却又突然发现比赛还未结束。一切皆有可能，你永远不知道下一秒会发生什么。**你只需要知道一件事，那就是如果现在离开，你就输了。**

有一次我的女儿玛丽莎定下一个销售目标，但还没有到月底就放弃了。她觉得自己已经没有足够的时间实现目标了。我质疑她的观点，问她怎样做才能实现目标。这有点像 STEP1 中棒球投手穆拉和教练多尔夫曼的故事。自我设限性观念阻碍了她的进步。但她还有时间，她还有机会改变结果。从自我开放性观念形成的那一刻起，她就相信自己拥有改变结果的力量。于是她重整旗鼓，召集团队，最终不早不晚，刚好在截止日实现了目标。

面对这种情况，关键就是要重新审视原始目标，回顾你的“为什么”。换句话说，就是列出这个目标的利害关系。这就是为什么在设定目标的环节和每周计划中，我如此强调“为什么”的重要性。你会得到什么？你会失去什么？这样，你就会开始思考新策略，或是寻找新资源。但你内心深处已经决定：“我不会就此放弃。”

人们常犯的一个错误就是死守自己的策略。不要混淆了目标和策略，目标是“为什么”，策略是“怎么做”。**策略并不是不能变通的。你觉得它不行，随时都可以把它换掉。**死守着无用的策略，只会损害我们的目标，但如果我们坚守的是目标，就可以根据目标的需要大胆地调整策略。

如果你不想再坚守现在的目标了，那么你有**第三个选择——修改目标。**这是完全合理的，毕竟每个人在做计划的时候认知都是有限的。可能你现在发现，你把目标定在了妄想区，而不是不适区。也有可能出现了某些你以前无从预测的情况，并且这些情况并非你能控制的。然而，你在修改目标时必须小心谨慎，千万不要为了回到舒适区而修改目标。但你也不需要为了证明些什么，就去下一盘毫无胜算的棋。就我个人而言，如果我还有可能实现某个目标，我会重新开始；如果已经没有可能，我才会选择修改。

如果不能重新开始，也不想修改目标，那么还有**第四个选择——删除目标。**拿起橡皮，或按下删除键。不要因此不悦，这是最后的办法，但有时候也是必须的。我会用尽全力追求我的目标。但是，“安息日因为人而存在”，并不是人为安息日而存在。**选择权在你手中。**删除目标并不犯法，没有人会因为你划掉一个目标而把你拷进警局。如果某个目标不再具有相关性，或者不再具有激励性，或者你做出了修改目标的尝试，但没有成功，那么你就可以删除这个目标了，否则它可能会反咬你一口。我们就没必要为这种事情交情绪税了。

如果你已经决定删除目标，我建议你**用另一个目标来替换它。**说不定你以前遗漏了一个目标呢。不用纠结。时间往往是很难控制的，对于重要目标而言尤其如此。我也不是每次都能在截止期限之前完成目标。如果你的目标很远大，偶有失误也很正常。重要的是，不要退出游戏。

总的来说，在季度回顾中，我建议用决策树的方法进行选择。

如果已经取得完全 / 阶段性胜利：

· 庆祝胜利

如果还没有取得任何形式的胜利：

· 重新开始，努力实现目标

如果不能重新开始：

· 修改目标，然后追求修改后的目标

如果不能修改目标：

· 删除目标

如果已经删除目标：

· 用新的目标来替换上一个目标

年度总结

Annual Horizon

取得成就很简单，就是一次踏上一个台阶。

这个部分是最容易的，因为此时“最好的一年”目标已经达成，恭喜你！年度总结由“规划最好的一年”的 5 个步骤构成：唤醒对可能性的信念，对上一年做出总结，为下一年制定目标，明确关键动机，最后将计划分解为可操作的步骤开始执行。

每季度、每周、每天的回顾和预览，使目标实现过程保持可视化，确保我们每天都在为实现年度目标而行动，每天的行动终将累积为年度的成果。

为什么要庆功?

Why Celebrate?

在结束本章之前，我想重新回到庆祝胜利的问题。高成就者有时候很难做到这一点，我以前也是。在一件事成功之后，我往往不会停下来庆祝自己的成就，而是直接投入下一个项目中。还记得心理学教授蒂莫西·A. 皮切尔说过的话吗？“如果最困难的目标取得了进展，我们就会获得最强烈的积极情绪反应。”这句话千真万确，但前提是我们必须认识到这种进展。如果我们实现了完全的或阶段性的胜利，就应该花一点时间庆祝这种胜利。

庆祝是对努力的认可，也是完整的、有意义的人生中的一个重要部分。参加希腊纳瓦里诺挑战赛时，超级马拉松运动员迪安·卡纳泽斯对当地人民的热情感到惊讶。他们放下工作，关掉店铺，载歌载舞地祝贺胜利的运动员。卡纳泽斯说：“人们都愿意暂时放下手中的事，聚集在一起庆祝胜利。”

“如果我们总是用脑而不是用心去做决定，生活就会更有条理，但是会少了很多乐趣。”他说，“有多少人一辈子都在埋头苦干，却在有一天早上醒来时突然发现，自己从来没有真正生活过。”

轻视庆祝就是在贬低自己的努力，也是在剥夺自己以及至亲挚友的乐趣。这就是为什么我们要欢呼雀跃地迎接每一次胜利，和家人分享欢欣，和朋友分享喜悦，放慢脚步，用心感受。让胜利带来的愉悦渗透进紧张的神经，给你继续前进的力量。本书的目标模板示例设有庆功栏，有助于你提前思考实现目标时的庆祝方式。

15

激活成功

You Can Trigger Success

取得胜利的关键在于建立正确的习惯。

——查尔斯·杜希格

稳定的习惯是精神能量的安全轨道，使其免遭情绪的裹挟。

——梅森·科瑞

我一直有一个习惯型目标：周一至周五每天早上 6 点运动 30 分钟。问题只有一个，就是我很难坚持下去。如果你的新年目标也中途夭折，你应该理解我的感受。通常每周刚开始都还不错，我周一会运动，周二也会运动。到了周三，床对我的诱惑力就会突然增大，于是我早上就睡过去了。显然，如果我要实现这个目标，就要做出一些改变。因此我决定在前一天晚上就把第二天的运动服准备好。听起来很简单，但这个小小的改变的确让我成功培养了规律运动的好习惯。

最近我发现，我使用的是目标研究人员所说的“执行意向”的其中一种模式，我称它为“激活触发器”。我在前文讨论习惯时用过这个说法，也是为了和这里呼应。上一节详细介绍的“回顾一预览”方法对推进成就型目标尤为有效，而激活触发器利用的则是习惯的形成机制，帮助我们实现习惯型目标。

激活触发器能够将目标实现过程中的简单语句或行为程序化。预测所有可能发生的事件或干扰，当特定事件出现时，触发程序就会被激活。由于我们的决定由触发器事先锁定，因此当特定事件出现时，我们无须再临时做出决定（此时我们的思维能力和情绪状态都可能处于最低水平）。这也是预先承诺的另一种运用。

由于触发器处理的是偶发事件，我们可以将触发器的激活看作if/then（若/则）条件语句。心理学家海蒂·格兰特·霍尔沃森认为，“由于事件列表存储在神经网络中……如果人们提前设置好何时、何地、如何实现目标等条件，大脑就会建立起某一特定情况或诱因（若/当x发生）与后续行为（则我进行y）之间的联系。通过这种方式，大脑就能创建有力的触发器。”

陷入行为定式让人很难取得进步。激活触发器能够打破我们的行为定式，帮助我们找到更好的行动方式，最终实现目标。

这种计划方法减小了实施目标的摩擦力，有助于保持动力、克服困难。研究人员托马斯·韦伯和帕斯卡尔·希兰指出，激活触发器帮助我们在“知觉上做好准备”。证据表明，通过“若 / 则”条件语句提前创建的回应方式，能在特定事件出现时更快速、更高效地发挥作用，并且对主动意识的需求程度更低。总计数千名参与者的 200 多项研究结果显示，使用“若 / 则”条件语句制定计划的参与者，实现目标的概率是其他参与者的 3 倍左右。

那么，触发器的优势如何才能为我们所用呢？通过以下 3 步，我们就可以利用激活触发器来实现自己的目标。

步骤 1：预测干扰，预置回应
Anticipate Obstacles and Determine Your Response

我们必须确定对实现目标作用最大的激活事件。要无障碍推进行动，就要确保用以触发行动的激活事件比实际的目标更容易实现，这就是关键所在。设计舒适区内的任务，起到的是热身作用，为的是最终实现处于不适区的目标。这就是借助简单任务完成困难任务的杠杆效应。

我有一个习惯型目标：下午 5 点准时离开办公室。但有时收到一条消息或一个需求，计划就会在最后一分钟被打乱。解决的关键就在于提前计划好这些干扰事项的应对方法。“若 / 当”语句就是触发器，“则”语句就是应对方法。这就类似于我们在前文讨论的原则。以下是我的一些应对方法：

· 若下午 4:45 之后电话铃响，则转接语音信箱。

· 若团队成员在我离开时找我商量工作，则告诉他们我很乐意明天再谈。

· 若下午 4 点必须参加会议，则告诉会议组织者我在 4:55 必须离开会议室。

· 若收到重要邮件，则在下午 4:45 前回复，之后不再查看邮件。

这类“若 / 则”条件语句通过预置激活触发器，避免了临时做出决定。目标理论家彼得·戈尔维策和加布里埃尔·奥廷根认为，“当头脑中形成了执行意向，人们就会采取（自发的）行动，无须刻意决定何时行动以及如何行动”，困难的工作已经预先完成了。

步骤 2：优化触发器

Optimize Your Activation Triggers

简单列出备选的激活触发器后，思考哪些触发器可以通过清除诱惑、自动化以及委托授权等方式来进行优化。上文谈到在前一天晚上准备好第二天的运动服，就是一个例子。以下列举几个我曾经用过或正在使用的激活事件：

· 将办公室的电灯设置为每天下午 5 点自动关闭，以实现 5 点下班的目标。

· 请助理固定每周帮我预订周五下午 6 点的餐位，以实现每周五晚上和盖尔约会的目标。

· 在手机上设置专注模式，将需要专注使用的应用软件放到手机主界面，并将通知静音，以实现每天晨起祷告、阅读、静思的目标。

· 聘请健身教练，以实现每周一、周三、周五进行力量训练的目标。

· 清理冰箱及食品储藏室中的所有加工食品，以实现只吃健康卫生的有机食品的目标。

· 储蓄账户定期自动存款，以实现积累一定数量存款的目标。

· 为防止回家后再次打开电脑，不把笔记本电脑带回家，以实现享受更多私人时间的目标。

有效的激活事件能够触发激活程序。你的激活事件可能和我的很不一样。但最重要的是，找出有效的激活事件，并将这些事件融入生活中。

在最理智的时候预置应对方案，而非在不理智的时候依靠自身意志力，是触发器的重要原理。记住这一点，你就可以通过优化触发器来进一步推动目标完成。从上文列举的触发器中也可以看到，我通过清除诱惑、自动化、委托授权等手段，尽可能地保证触发器的控制权不在自己手中。例如：

·清除可能导致目标失败的诱惑。如清理厨房中所有的加工食品；不把笔记本电脑带回家里。

·通过技术实现触发器自动化。在手机里设置自动化功能以保障专注时间；在办公室设置自动关灯程序；设置储蓄账户定期自动存款的功能。

·委托助理为我激活触发器。请助理帮我预订晚餐。

只要触发器的控制权不在你自己手中，你就无须依靠自控力来完成目标。你已经预测了突发情况和可能构成诱惑的干扰事项（如想要加班、忘记预订餐位等），并预置了这些事项的处理方法。当出现突发状况时，你就无须再次进行处理。

以千禧一代青年贾思敏为例，她意识到自己对社交媒体上瘾，经常拖延工作，不停地查看手机。“我刷手机的动作几乎不受控制。”她说。

贾思敏希望改变自己。她希望将每天使用手机的时间控制在两小时以内。手机已经成为她工作时的障碍，她想升职。她意识到自己已经离不开手机，她享受着智能手机带来的种种好处，并且要靠手机和外界保持联络。但她知道现阶段自己无法依靠意志力在应该工作的时候停止查看手机。所以她设置了一个激活触发器，而这个触发器不需要由她来控制。

她发现了一个应用软件，可以在特定时间段或手机使用时长达到上限后阻止她打开社交媒体软件。贾思敏对这个应用程序进行设置后，就再也没有更改过。自然，刚开始时她需要时间适应。很快，贾思敏就获得了晋升，并且有更多时间追求其他创造性目标了。

步骤 3：成功之前，反复试验

Experiment until You Nail It

这一步是成功的关键。只要你是普通人，在实现目标的过程中就会遇到挫折。撞到南墙，就知道是时候要变通了。目标不可改变，但策略可以变通。可能你无须放弃目标，只需调整策略。

这就意味着在找到正确答案之前，你需要不停地修改激活触发器。有时候你要做的只是一个小小的调整。例如，在我刚刚决定每天晚上享受更多私人时间时，我以为只需要把笔记本电脑关掉就足够了。

开始几天都还保持得不错，但几天后，我又打开电脑开始刷社交网站。后来我把笔记本电脑放在了办公室，问题就解决了。

不管你的目标是什么，都要提前预测可能事件和干扰事项。事先考虑可能出现的阻碍，就可以提前思考对策，在阻碍真正出现时快速做出反应。思考潜在干扰事项可能需要花费一点脑力，但这是值得的。坚持一个习惯，这个习惯就会成为你的第二天性。

行动计划 第 5 步

1. 将总目标分解为可执行的后续步骤

不要被“吃掉那只青蛙”的说法蒙骗。设立目标要在舒适区之外考虑，执行目标则应从舒适区开始。先完成最简单的任务。遇到困难的时候寻求外界帮助。快速取得初步成功能为后续行动带来动力。

---

2. 安排定期目标回顾

每日浏览目标列表，确保心中有目标，并在浏览时思考当天的具体任务，也就是我说的“每日三大事”。

在每周回顾中重点关注主要动机。对前一周的任务进展进行一次快速的事后回顾。审查每个目标的后续步骤，并确定接下来一周必须取得的3个成果，也就是我说的“每周三大事”。用“每周三大事”指导“每日三大事”。

在季度回顾时，建议重新走一遍“五步实现新年目标”的流程。重点如下：

（1）如果已经取得完全或阶段性的胜利，就庆祝自己的胜利；

（2）如果还没有取得任何形式的胜利，就重新开始追求目标；

（3）如果不能重新开始，就修改目标；

（4）如果不能修改，就删除目标；

（5）用新目标替代被删除的目标。

---

3. 运用触发器

找到最有效的激活事件。利用杠杆效应，借助简单的任务完成困难的任务。不要依靠自己的即时自控力。

你在追求目标的过程中会遇到干扰事项，所以要预测干扰事项，用“若 / 则”语句预设回应。关键就是在被干扰事项打乱计划之前先想好应对策略。通过清除诱惑、自动化或委托授权来优化触发器。如果应对策略效果不佳，则调整策略到满意为止。

跳跃原则
The Leap Principle

我明白了，勇敢并不是因为不恐惧，而是战胜了恐惧。

——纳尔逊·曼德拉

成功没有什么秘诀，就是朝着目标不断前进。

——阿里·施万克

我和盖尔婚后两年，一起在得克萨斯州韦科市买了房。那年春天，我们搬进新家不久，在一个美丽的周六清晨，有人敲响了我们家的门。盖尔开了门。

“亲爱的，”过了一会儿，盖尔呼唤我，“你得来一下。”

我起身走到门口。你要是问的话，我怎么都猜不到搬进新房后，我的第一个客人是警察。两个穿着制服的警察就站在我面前。

“您是海亚特先生吗？”他们问。

“是的。”我答道。

“先生，”他们说道（直觉告诉我，一定不是什么好事），“我们是来逮捕您的。”

“什么？！”我惊呼道。

“是这样，”他们解释道，“您有一张超速罚单没有支付，所以我们打算带您去趟市中心警局。”

就这样，在一个周六的清晨，在我的邻居们忙着修剪草坪，陪孩子在户外玩耍，做着普通周末该做的事情时，两个警察押着我走到巡逻车旁，把我塞进后座，然后打开警笛，载着我扬长而去。

我们赶到韦科市中心警局，我第一次被采集了指纹，还把身上所有东西都交了出来。就在他们差点把我扔进监狱的时候，盖尔拿着支票走了进来。

“我可以写支票了吗？”她问。

“是的，可以。”警察答道。盖尔问好金额，写了支票。她一签好字，把支票递过去，我就被释放了。

太不可思议了，我尴尬极了，然而这种处境其实完全可以避免。我之所以陷入这种境地，归根结底还是因为自己不作为。我明知道自己有超速罚单，却没有抽时间去缴罚款，都怪我拖着不做。

我不知道多少人在实现自己目标的过程中也犯过这种错误。所有定好新年目标又放弃的人都这样吗？所有拥有远大目标却从不执行的人都这样吗？你认识的每一个人似乎都在等待人生中的大事自然而然地发生，而不去付出努力吗？这一切归根结底都是不行动造成的。

先别急着继续往前走，我想先回顾一下我们迄今为止的旅程。我们已经走了很远的路。

步骤 1，我们谈到，要创造最好的一年，首先就要升级观念，树立自我开放性观念，相信一切皆有可能。

步骤 2 讨论的是通过后向思考总结过去，在遗憾中发现机会，以及利用感恩优势培养富足型思维。

步骤 3，我们学习了如何根据 SMARTER 目标管理原则，建立成就型目标与习惯型目标的最佳组合，以及为什么要在舒适区之外设立目标。

步骤 4，我们讨论了如何深入挖掘自己的内在动力，以及在实现目标的过程中提升动力的方法，与朋友同舟共济。

最后，在步骤 5，我们讨论了如何将目标付诸实践。

猜猜我们现在到哪了？

要是你真能一步步按照行动计划做事，你现在早就实现了一串目标。比如你升了职，婚姻幸福，心理健康，梦想着能建功立业，在情感上得到满足，在智力上得到刺激。然而事情的开始需要行动，且往往困难重重。

- 你如何才能腾出时间约会？
- 你如何才能憧憬未来，做好计划？
- 你如何才能拒绝攀比，关注自己为这个世界做出的贡献？

这些问题很不错，找到答案至关重要。然而避而不答、继续前行并非真正的风险所在。真正的风险在于：在挑战面前，我们憧憬着美好未来，却裹足不前。

先前，我引用了亚瑟·C. 克拉克对“想象力失败”的评论（参见第 1 章）。我们有时候实现不了宏图伟业，是因为自己无法想象这些目标，也不知道如何实现。这些目标似乎遥不可及。但克拉克还指出一个问题，那就是“勇气缺失”。

有时候，我们可以准确地想象出自己需要做什么，也可以清晰地说出来。我们知道该怎么做，甚至制定出详细的计划，但就是不采取行动。我们就像麦克莱伦将军一样——只说不做。用不了多久，你就会陷入“意图递减定律”中。

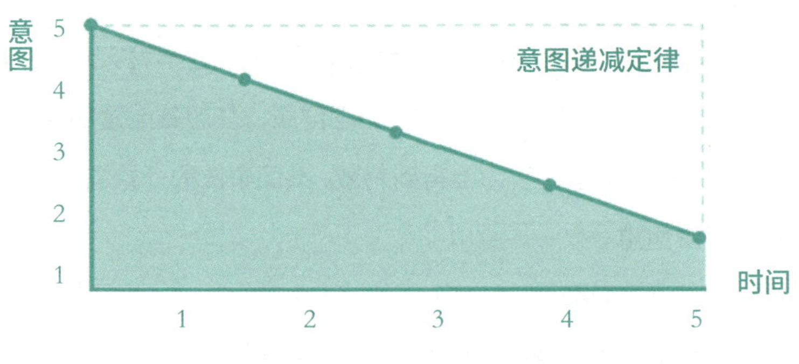

吉米·罗恩说，观望的时间越长，采取行动的意愿就越低。

根据这个规律，**你观望的时间越长，采取行动的可能性越低。**吉米·罗恩最先注意到这一现象，并提出了意图递减定律的概念。但是你也可以打破这个定律，用我说的跳跃原则来规划最好的一年。

把握灵感，果断行动

Never Leave the Scene of Clarity without Taking Decisive Action

这让我想起另一位美国将军，乔治·史密斯·巴顿，也和麦克莱伦将军拥有同样的使命感。巴顿年轻时就把自己想象成建功立业的军事指挥官。他出生于军人世家，擅长马术、击剑等多种运动项目。他的职业生涯早期也和麦克莱伦将军一样光芒夺目。巴顿以上尉的身份参加第一次世界大战，战争结束后晋升中校。巴顿是坦克战的先锋，作战时走在部队最前方，甚至亲自开着坦克冲锋陷阵以鼓舞士气，他的英勇事迹为人们所传唱。乔治·马歇尔将军评价巴顿："乔治可以带着他的军队穿过地狱与海洋。"

1942 年，马歇尔授命巴顿负责火炬行动，进攻当时由轴心国控制的北非地区。巴顿也面临着麦克莱伦遇到过的困难。上任后不久，巴顿就发现军队人数和物资数量不足的问题。他并没有把这两个问题当成不作为的借口，而是把这支规模不足的军队打造成了战斗力高强的精兵。巴顿改变了历史的走向。"似乎我的一生都是为了这一刻。"巴顿在登陆北非前写道，"只要我尽职尽责，剩下的事上天自有安排。"

他的确尽职尽责。他告诉自己的军队："我们要进攻、进攻，进攻到筋疲力尽，再继续进攻。"正是这种决心成就了巴顿的丰功伟绩。北非登陆战役告捷后，巴顿又率领军队在西西里岛登陆战中获胜。诺曼底登陆后，1945 年，巴顿率领军队穿越欧洲 600 英里，从纳粹手中解放了德国。

巴顿勇敢地行动了，我们要做的也一样。如果你希望生活发生显著的转变，希望战胜意图递减定律，那你要做的就是大跳一步。

只消做好这 4 件事，每件都是“LEAP”（跳跃）这个缩写词的一部分：

- **心怀期待，迎接改变**（Lean into the change with expectancy）。当你希望改变，或是不得不做出改变，这是你的生活亮了绿灯，请猛踩油门。这一点细微的指示，足以作为你行动的发令枪。
- **不断摸索，云开见月**（Engage with the concept until you achieve clarity）。当你有了改变的想法，就不要让这种想法溜走。不断地摸索尝试，直到你想出自己该如何行事。那些挥之不去的想法，可能会成为全新冒险的开端，又或是爬出深渊的阶梯。
- **行动起来，无需等待**（Activate and do something—anything）。有时，我们会等到时机成熟才行动。这样大错特错。事情是一点点明朗起来的，你只需要知道下一步如何去做就好。即便起步出了错，余下的旅程也会慢慢步入正轨。
- **一跃而起，立刻出发**（Pounce and do it now）。只要下定决心，就行动起来，无须等待。等待似乎很安逸，然而它却会扼杀梦想。

我见过取得卓越成就的人一次次运用跳跃原则取得成功。几年前，我组织了一个名为“核心圈”的智囊团，里面都是些企业家和经理。开始的几场会议中，一名成员意识到他得退出先前加入的一个职业组织。它削弱了他的资源，却没有带来可观的回报。

他灵机一动，立刻行动起来。拖沓只会让事情悬而未决，拖沓还会消磨他的意志。为什么呢？他一旦有了退出的想法，便会给自己找到坚持下去的理由。趁着第一次会议的间隙，他溜出房间打电话，退出了组织。他跳跃了一次。

现在，轮到你了。你最好的一年可不是坐下来看场电影那么简单。你需要付出努力来实现它。要么现在开始，要么只能是痴心妄想。毫无疑问，这本书很有意思，你想着看完再行动。可这是你自己的一年，是你自己的一刻。

不要拖着你的梦想，不要拖着你的目标。今日事今日毕，你的生活和工作才能有起色。一旦下定决心，就行动起来。无须等待，跳跃起来。

即学即用目标制定模板
Plug-and-Play Goal Templates

下文表中都是假设性的目标，用以示范目标设定的过程。模板中包含了成就型目标和习惯型目标的组合。模板和你自己的目标组合可能会有所差异，只是给你一些思考的提示。

运用模板，让目标追踪过程高效而轻松。

目标制定模板

☑成就型目标　□习惯型目标

□ 生理　□ 爱　☑ 财务　□ 思想　□ 家庭

□ 事业　□ 精神　□ 社交　□ 爱好

目标描述

在8月25日前还清剩余的8,000美元车贷。

主要动机

增加现金储备

减轻负债压力

规避额外的月付款

后续步骤

制定新的支出预算，争取将还贷金额最大化

确定每月有多少生活结余可用于支付车贷

确定每月支付额外车贷的日期

庆功

去我们一直想去的市中心高级餐厅举办庆功宴

目标进度

0% ———————————— 100%

习惯养成记录表

M1	1	2 ✓	3 ✓	4 ✓	5 ✓
6 ✓	7 ✓	8 ✓	9	10	11 ✓
12 ✓	13 ✓	14 ✓	15 ✓	16 ✓	17 ✓
18 ✓	19 ✓	20 ✓	21 ✓	22 ✓	23
24 ✓	25 ✓	26 ✓	27 ✓	28 ✓	29 ✓
30 ✓	31 ✓	M2	1	2 ✓	3 ✓
4	5	6	7	8	9
10	11	12	13	14	15
16	17	18	19	20	21
22	23	24	25	26	27
28	29	30	31	M3	1
2	3	4	5	6	7
8	9	10	11	12	13
14	15	16	17	18	19
20	21	22	23	24	25
26	27	28	29	30	31

目标制定模板

□成就型目标　　□习惯型目标
□ 生理　□ 爱　□ 财务　□ 思想　□ 家庭 □ 事业　□ 精神　□ 社交　□ 爱好
目标描述
根据 SMARTER 原则写出目标
主要动机
1
2
3
后续步骤
1
2
3
庆功
庆祝成功的方式
目标进度
0% ——————————————— 100%

习惯养成记录表

M1	1	2	3	4	5
6	7	8	9	10	11
12	13	14	15	16	17
18	19	20	21	22	23
24	25	26	27	28	29
30	31	M2	1	2	3
4	5	6	7	8	9
10	11	12	13	14	15
16	17	18	19	20	21
22	23	24	25	26	27
28	29	30	31	M3	1
2	3	4	5	6	7
8	9	10	11	12	13
14	15	16	17	18	19
20	21	22	23	24	25
26	27	28	29	30	31

策划出品：儒意欣欣
出 品 人：柯利明　周公度

出版统筹：杨　静
产品编辑：郑　娜
美术编辑：张洛瑄

欢迎出版合作，邮件联系：
laixin@ruyibooks.com
新浪微博：@儒意图书

图书在版编目（CIP）数据

规划最好的一年 /（美）迈克尔·海亚特著；袁楚怡，高剑译 . -- 西安：太白文艺出版社，2025. 5（2026.2 重印）.
ISBN 978-7-5513-2986-6

Ⅰ . C913.2

中国国家版本馆 CIP 数据核字第 2025VY8058 号

陕西省版权局著作权合同登记 图字：25-2025-090

规划最好的一年
GUIHUA ZUIHAO DE YINIAN

作　　者　[美] 迈克尔·海亚特
译　　者　袁楚怡　高　剑
责任编辑　张　瑶　张熙耀
装帧设计　张洺瑄
出版发行　太白文艺出版社
经　　销　新华书店
印　　刷　北京利丰雅高长城印刷有限公司
开　　本　880mm × 1230mm　1/32
字　　数　146 千字
印　　张　7.625
版　　次　2025 年 5 月第 1 版
印　　次　2026 年 2 月第 2 次印刷
书　　号　ISBN 978-7-5513-2986-6
定　　价　65.80 元

如有印装质量问题，可寄出版社印制部调换
联系电话：029-81206800
出版社地址：西安市曲江新区登高路 1388 号（邮编：710061）
营销中心电话：029-87277748　029-87217872